Сказки южной части Алтая

남알타이인 이야기

<지식을만드는지식 소설선집>은
인류의 유산으로 남을 만한 작품만을 선정합니다.
오랜 시간 그 작품을 연구한 전문가가
정확한 번역, 전문적인 해설, 풍부한 작가 소개, 친절한 주석을 제공하는
고급 소설 선집입니다.

지식을만드는지식 소설선집

시베리아 설화집

Сказки южной части Алтая

남알타이인 이야기

작자 미상

이경희 옮김

대한민국, 서울, 지식을만드는지식, 2019

편집자 일러두기

- 이 책은 ≪Алтайские сказки≫(Детиздат, 1939), ≪Алтайские народные сказки≫(Наука, 2002), ≪Аносский сборник≫(Омскъ, 1915), ≪Слово об Алтае≫(Юч-Сумер-Белуха, 2003), ≪Легенды и мифы седого Алтая≫(Горно-Алтайская республиканская типография, 2008), ≪Несказочная проза алтайцев≫(Наука, 2011), ≪Очерки северо-западной Монголии≫(Петербургская типография, 1883)을 원전으로 삼아 옮긴이가 가려 뽑아 번역했습니다.
- 주석은 모두 옮긴이가 단 것입니다.
- 외래어 표기는 현행 한글어문규정의 외래어표기법을 따랐습니다.

차 례

알타이 키지 설화

텔렌기트 설화

알타이 키지 설화

알립 마나시

표범처럼 얼룩얼룩한 말을 타고 다니는 바이바라크 용사는 하늘과 땅이 생겨날 때 함께 태어났다. 예르멘 체첸이 태어날 때는 달과 별이 빛났다. 예르멘 체첸은 풀보다 더 빨리 갈대처럼 쑥쑥 성장했다. 예르멘 체첸은 남자아이처럼 야생말을 잘 몰았다.

어느 날 바이바라크 용사가 예르멘 체첸 앞에 와서 오른쪽 무릎을 꿇고 그녀의 손을 꼭 잡으며 악문 이 사이로 말했다.

"우리는 영원히 떨어질 수 없어."

예르멘 체첸이 대답했다.

"우리는 영원히 함께할 거예요."

예르멘 체첸의 늙은 아버지는 강철같이 강한 자신의 회색 말을 아주 사납게 때리며 달렸지만 젊은 두 사람을 따라잡을 수 없었다.

1년 후 바이바라크는 예르멘 체첸이 예전에 살던 집으로 왔다. 그는 죽은 표범을 바닥에 메다꽂으며 말했다.

"아버님, 원하신다면 이 표범처럼 저를 죽이십시오. 제가 아버님의 딸 예르멘 체첸과 함께 달아났으니까요."

예르멘 체첸의 아버지는 불같이 화를 냈다.

"네 아들 알립 마나시가 어른이 되면 1년 내내 잠을 자게 될 거다. 그게 내 딸을 훔친 벌이다!"

알립 마나시는 성장했다. 그는 결코 자신의 앞날을 예견하지 못했고 자신에 대한 위협에 대해서 아무것도 듣지 못했다. 아버지 바이바라크와 어머니 예르멘 체첸은 알립 마나시에게 착한 아내를 찾아 주었다. 그들은 '깨끗한 진주' 쿠무제크 아루를 며느리로 맞이했다.

알립 마나시는 큰 강 너머에 사악한 칸이 사는 것을 알게 되었다. 그 칸에게는 예르케 카라츠키라는 딸이 있었다. 수많은 용사들이 그녀에게 청혼하러 갔지만 한 사람도 돌아오지 못했다. 사악한 칸이 용사들을 모두 죽였기 때문이다. 알립 마나시는 용사들의 원수를 갚기 위해 칸과 싸우러 큰 강이 있는 곳으로 갔다. 그는 잠도 자지 않고 낮이나 밤이나 계속 달렸다. 얼마나 많은 강을 건넜는지 셀 수도 없었고 얼마나 많은 산을 넘었는지도 기억할 수 없었다. 그의 흰색 말은 가죽 혁대처럼 축 늘어졌다.

몇 년이 흘렀다. 알립 마나시는 어느 물살이 센 강에 다다랐다. 그는 강을 쭉 돌아보았지만 상류와 하류 어디에도 잔잔한 여울이 없었다. 강에는 2사젠[1] 정도의 폭에 90사젠 정도 길이의 자작나무로 만든 배가 있었다. 알립 마나시는 서둘러 배에 탔다. 배에는 백조같이 하얀 노인이 있었다.

"알립 마나시! 아름다운 눈과 똑똑한 머리는 집에 놓고 왔니? 뭐가 부족해서 집을 떠났니? 무엇을 찾아 나선 거니?"

알립 마나시는 노인과 논쟁하고 싶지 않았다. 그는 딱딱한 손으로 노인의 주름진 손을 꼭 잡고 입을 맞추었다.

"할아버지, 강을 건너게 해 주세요."

노인은 할 말을 잊었다. 잠자코 뱃머리에 앉았다. 알립 마나시는 말고삐도 풀지 않은 채 배의 뒷자리로 뛰어올랐다. 말이 콧김을 내뿜고 재갈을 물며 강을 건너려고 하지 않았다. 그러나 알립 마나시는 고삐를 세게 잡았다. 마침내 그들을 태운 배는 강 한가운데로 나갔다.

알립 마나시가 노인에게 물었다.

"왜 슬피 우세요?"

"네가 너무 불쌍해서. 수많은 용사를 강가로 실어 날랐지만 한 사람도 돌아오지 않았어."

알립 마나시는 달처럼 흰 자루에서 화살을 꺼냈다.

"제가 살았는지 죽었는지 이 화살이 알려 줄 거예요."

흰말은 강가에 도착하자마자 몸을 흔들었다. 알립 마나시는 말에 안장을 얹고 뛰어올라 크게 소리를 질렀다. 마치

---

1) 사젠: 러시아의 옛 측량 단위로, 1사젠은 약 2미터다.

백 명의 용사가 소리치는 것 같았다. 말이 발을 굴렀다. 마치 백 번의 천둥이 치는 것 같았다. 노인의 속눈썹에 걸린 눈물이 떨어질 새도 없었다. 알립 마나시는 이미 보이지 않았다. 말은 골짜기를 따라 달렸고 말 발자국이 검은 호수를 뒤덮었다. 말은 낮은 산을 가볍게 넘고 앞에 있는 높은 산들을 또 넘기 시작했다. 말은 빨리 달렸다. 알립 마나시는 겨우 태양이 뜨는 것을 보며 말을 달리기 시작했는데 해가 질 무렵 이미 목적지에 도착했다.

드디어 아크 칸의 궁전에서 나오는 연기가 보였다. 말은 네 발을 땅에 딛고 우뚝 섰다. 마치 발이 땅에 뿌리를 내린 것처럼 자리에서 꼼짝도 하지 않았다.

알립 마나시가 소리쳤다.

"어이, 어이!"

말이 말했다.

"고삐를 치우세요. 보세요! 궁전 쪽으로 말 발자국이 저렇게 많은데 반대 방향으로는 하나도 보이지 않아요."

"내가 죽을 운명인지 살아 돌아갈 운명인지 네게 묻지 않았어."

알립 마나시는 분노하면 항상 맹렬했다. 그는 말을 더욱 세게 채찍질했다. 말은 소용돌이치듯 달렸다. 산의 위아래로 마치 새처럼 날았다. 골짜기를 따라 흐르는 계곡물처럼 굽이굽이 잘 달렸다.

말은 흐르는 눈물 때문에 길이 잘 보이지 않았다. 알립마나시는 어떻게 멈추었는지 기억조차 없었다. 마침내 알립마나시는 허리띠를 풀고 안장을 베고 잠이 들었다. 말은 하얀 별이 되어 하늘로 올라갔다.

아크 칸의 목동들이 높은 산으로 말 떼를 몰고 갔다. 목동들은 높은 산 위에서 골짜기에 화산이 두 개 생긴 것을 보았다. 두 화산 중간에 둥글고 완만한 언덕이 있었는데 그 언덕에서 회오리바람이 일고 있었다. 회오리바람 때문에 수백 년 된 나무들이 뽑혀 나갔고 강물이 역류하고 있었다. 목동들은 황급히 칸에게 달려갔다.

"화산 중간에 둥근 언덕이 솟아올랐습니다. 그 언덕에서 회오리바람이 일고 있습니다."

칸이 소리를 질렀다.

"무슨 헛소리야, 이 게으름뱅이들아. 그렇게 할 일들이 없느냐!"

칸은 칼을 뽑아 세 목동의 머리를 단칼에 베어 버렸다. 심지어 사람을 잡아먹는 괴물 델베겐마저 칸이 넷째 목동을 베려는 것을 말리며 칸에게 말했다.

"허락하신다면 제가 무슨 일인가 살펴보고 오겠습니다."

그러나 칸은 들어 올린 칼을 거두어들이지 않았다. 칼은

넷째 목동의 목에 떨어졌다.

진한 노란색의 델베겐은 자신의 파란 황소에 안장을 얹었다. 황소는 불길함을 감지하고 완강하게 고집을 부리기 시작했다. 파란 황소의 가슴은 덥수룩한 털로 덮여 있었다. 그다음은 델베겐도 기억하지 못했다. 그는 수백 년 된 나무들과 오래된 바위들과 함께 어두운 동굴로 휩쓸려 날아갔다. 델베겐의 일곱 머리에 있는 열네 개의 눈이 이마로 기어올라갔다. 파란 황소는 혀를 내밀고 동굴 밖으로 나왔다. 황소를 따라 나무와 돌들, 바위들이 날아왔다. 황소는 얼음이 덮인 산꼭대기로 뛰어 올라갔다. 오직 델베겐만이 동굴 안의 상황을 파악할 수 있었다. 알립 마나시가 평온하게 잠자고 있었다. 그의 머리는 두 화산 사이의 언덕처럼 놓여 있었다. 알립 마나시가 숨을 들이쉬면 산과 나무들이 그의 콧구멍으로 들어갔다가 다시 숨을 내쉬면 나왔다. 알립 마나시는 평온하고 고르게 숨을 쉬었고 그가 쉬는 숨에 따라 강물이 넘치기도 하고 빠지기도 했다.

델베겐이 아크 칸에게 왔다. 어떻게 왔는지 기억조차 나지 않았다.

"어떻게 말해야 할지 모르겠습니다. 사람인데 사람이 아닙니다. 산인데 산이 아닙니다. 무서운 괴물 하나가 골짜기에서 잠을 자고 있습니다."

아크 칸은 날카롭게 휘파람을 불어 군사들을 불러 모았다. 멀리 있는 용사들과 가까이 있는 용사들이 모두 달려왔다. 칸은 크게 소리를 지르며 앞에서 용사들과 군사들을 지휘했다. 칸은 검은 산의 꼭대기로 올라갔다. 알립 마나시가 보였다. 그는 골짜기를 땀범벅으로 만든 채 어린아이처럼 팔을 벌리고 잠을 자고 있었다. 반듯하게 누워 사방에서 불어오는 바람을 벌거벗은 가슴으로 고스란히 받고 있었다. 활을 잘 쏘는 병사들이 한쪽 눈을 찡그린 채, 알립 마나시의 왼쪽 젖꼭지를 향해 활을 조준했다. 마치 얼음에 맞은 것처럼 화살은 미끄러졌다. 마치 돌에 맞은 것처럼 청동 칼끝이 부러졌다. 군사들은 말을 타고 알립 마나시에게 더 가까이 다가갔다. 말을 타고 달리면서 그에게 무거운 창들을 던졌다. 창의 뾰족한 끝이 날아가면서 벌처럼 윙윙거렸고 유리처럼 쨍그랑거렸다.

알립 마나시는 잠을 자면서도 예르케 카라츠키라는 이름을 조용히 속삭였다. 아크 칸은 분노로 눈이 이글거렸다. 그는 날카로운 칼을 들어 알립 마나시의 입술을 베었다. 용사들은 알립 마나시의 단단한 몸을 아흐레 동안 베었다. 칼 구천 개로 그의 몸을 조각냈다. 그러나 알립 마나시의 몸에서는 피가 나오기는커녕 긁힌 상처조차 없었다. 아크 칸은 병사들에게 서두르라고 명령했다. 병사들은 활을 놓고 곡괭이를 손에 들었다. 100사젠이나 되는 구덩이를 파서 알립 마나시를 집어넣었다.

아크 칸은 알립 마나시의 몸에 박힌 용사들의 창과 칼을 빼내라고 명령했지만 그 누구도 빼낼 수 없었다. 칼을 빼서 들어 올릴 힘센 장사도 찾기 힘들었다.

알립 마나시는 아홉 달 동안 잠을 잤다. 알립 마나시가 마침내 깨어났다. 눈을 떴으나 하늘이 보이지 않았다. 아홉 개의 무거운 쇠사슬이 양손을 묶고 있었고 아흔 개의 쇠사슬이 무릎부터 복사뼈까지 드리워져 있었다. 쇠사슬의 무게가 가슴을 압박했다. 알립 마나시는 태어나서 처음으로 노래를 부르기 시작했다. 아버지와 어머니, 여동생 예르케 코오와 홀로 외로이 있을 아내 쿠무제크 아루를 그리워하는 마음을 노래에 담았다. 그는 자신의 말에 대해서도 잊지 않고 노래에 담았다. 그러나 아무도 알립 마나시를 도와주러 오지 않았다.

여름에 핀 꽃이 다 시들고 가을도 지나갔다. 겨울의 눈도 다 녹았다. 다시 봄이 왔다. 그러나 짐승과 새들은 꽃이 만발한 광활하고 넓은 알타이에 있지 않고 마치 물 먹는 곳에 떼 지어 모이듯 알립 마나시가 빠진 구덩이 옆에 모여서 그가 부르는 노래에 빠져 열심히 듣고 있었다. 흰 거위와 회색 거위들이 높이 날아올랐다. 그들은 날아가면서 알립 마나시가 불쌍해서 큰 소리로 울었다. 거위 한 마리가 날개를 접고 알립 마나시의 가슴으로 날아왔다. 알립 마나시가 기뻐서 깊게 숨을 들이마시자 몸에 있던 아홉 개의 쇠사슬이 끊어졌다. 알립 마나시는 부드러운 손으로 따뜻한 거위를 만졌다. 알립 마나시는 거위의 넓은 날개를 쓰다듬으며 노래하기 시작했다.

거위야, 내 자랑스러운 거위야,
내 믿음직한 친구야!
물에 빠지지 말고,
하늘을 날아가거라.
네 날개 위에 편지를 쓰니,
이 편지를 내 아버지 바이바라크에게 전해라,
나의 그리운 마음을 어머니 예르멘 체첸에게 전해라.
귀여운 거위야,
예르케 코오와 쿠무제크 아루에게도 안부를 전해 주렴.
내 아내에게 태양보다 더 뜨거운 내 마음을 전해 주렴.
내 모든 친구에게 알립 마나시가
검은 구덩이에 누워 있다고 말해 주렴.
내가 산 채로 땅속에 있다고 말하렴.
믿음직한 거위야, 너는 내 하늘에 있는 말이자,

물속에 있는 말이다!

날아가라. 헤엄쳐 가라. 날개를 크게 펴라.

내 편지를 모두에게 전해라.

하얀 거위가 구멍에서 날아올라 구름이 가듯 바이바라크가 물을 먹는 곳으로 날아갔다. 그날 밤 가녀린 예르케 코오가 물 위에 서서 물에 비친 달의 잔영을 손바닥으로 잡고 있었다. 그런데 갑자기 달이 사라졌다. 예르케 코오는 위를 올려다보았다. 거위 한 마리가 있었다. 거위는 흰 날개를 편 채 그녀의 머리 위에 있는 나무에 걸터앉아 있었다. 예르케 코오는 재빨리 거위를 잡아서 집으로 가져왔다.

모닥불 아래에서 알립 마나시의 아버지와 어머니는 아들이 쓴 비통한 편지를 읽었다. 어떻게 알립 마나시를 도와야 할지 몰랐다. 아내 '깨끗한 진주' 쿠무제크 아루가 제일 먼저 묘안을 생각해 냈다. 알립 마나시에게는 어린 시절부터 친하게 지내던 아크 코본이라는 아주 믿음직한 친구가 있었다. 소년 시절 알립 마나시는 아크 코본과 함께 곰을 잡으러 다녔다. 쿠무제크 아루는 오빠 칸 추레케이를 아크 코본에게 보냈다. 아크 코본은 칸 추레케이의 말을 다 듣기도 전에 바이바라크에게로 출발했다. 그는 거위를 쓰다듬은 후 편지를 읽었다. 어머니 예르멘 체첸은 아크 코본에게 맛있는 음식을 내주었다. 어머니는 알립 마나시를 위해 빵을 반죽했다. 그리고 손가락을 찔러 피를 냈다.

"아들아, 내 피가 너에게 부디 도움이 되기를 빈다."

아크 코본은 밤낮으로 달렸다. 자작나무로 만든 배를 타고 물살이 급한 강을 건넜다. 검은 구덩이 옆에 말을 묶어 놓고 아래에 대고 소리쳤다.

"너! 아버지와 어머니, 여동생에게 안부를 전하고 아내도 잊지 않았더구나. 그런데 내게는 한마디 안부 인사도 없다니. 그런데 이제 내 도움을 기다리는 거야?"

아크 코본은 큰 산을 움켜잡아 알립 마나시를 압박했다. 그리고 산꼭대기에 앉아서 예르멘 체첸이 아들을 위해 만든 빵을 다 먹어 치웠다. 이 빵을 먹고 아크 코본은 예전보다 열 배나 강해졌다. 그는 영웅으로 여기에 왔으나 돌아갈 때는 진정한 용사가 되어 질주했다. 강가에서 하얀 노인이 자작나무 배를 타고 그를 기다렸다. 아크 코본은 배로 뛰어올라서 슬프게 울기 시작했다.

"내 친구 알립 마나시, 왜 너의 살아 있는 모습을 보지 못했을까? 너의 회색 말은 언덕에 떨어져서 죽은 채 누워 있고 너는 얼굴을 소매에 파묻고 영원한 잠을 자고 있구나!"

백조같이 하얀 노인은 눈물을 참았다. 그는 메마른 손으로 가방에서 아홉 개의 촉이 달린 청동 화살을 꺼냈다. 화살은 초록색으로 녹슬어 있었다. 노인이 중얼거렸다.

"맞아. 알립 마나시에게 나쁜 일이 생긴 게 틀림없어."

아크 코본은 눈물범벅이 된 채 노인의 손에서 청동 화살을 뺏어서 크게 외친 후 검은 강물에 던져 버렸다. 아크 코본은 강가로 가서 가볍게 말에 올라 바이바라크가 사는 쪽으로 말고삐를 돌렸다. 아크 코본의 두 눈은 눈물로 퉁퉁 부었다. 그는 안장에서 떨어질 정도로 심하게 이리저리 흔들리며 말을 타고 갔다. 두 발이 겨우 등자에 붙어 있을 정도였다.

"제가 하루를 늦게 가는 바람에 알립 마나시를 구하지 못했습니다. 아이고, 슬퍼라! 아이고, 원통해라!"

바이바라크와 예르멘 체첸은 아크 코본의 눈물에 자신의 눈물을 보탰다. 예르케 코오는 한 줌 재를 불에 던졌다. 쿠무제크 아루도 조용히 울었다.

높은 하늘에서 별이 떨어졌다. 별은 땅에 닿자마자 말이 되었다. 말은 크게 울부짖기 시작했다. 그리고 발을 굴렀다. 육중한 산이 반으로 갈라졌다. 말이 울부짖자 갈라진 땅에서 흙이 사방으로 흩날렸다. 알립 마나시는 구덩이 속에서 하늘을 올려보았다. 자신의 말이 마치 은하수같이 긴 꼬리를 구덩이로 내려뜨렸다. 그러나 알립 마나시는 올라갈 수 없었다. 그는 손으로 말의 꼬리를 잡아 뜯었다. 말은 황소처럼 울부짖었고 곰처럼 포효했으며 사슴처럼 숲속의 바위들을 따라 뛰어갔다. 그는 단숨에 아주 큰 백양나무를 내려쳤다. 나무는 쿵 소리를 내며 쓰러졌다. 말은 나무를 구덩이로 질질 끌고 가서 아래로 밀어 넣었다. 알립 마나시는 기뻐하며 올라탔다. 아흔 개의 쇠사슬이 툭툭 소리를 내며 끊어졌다. 알립 마나시는 나무를 타고 구덩이에서 나왔다. 그는 말의 귀를 껴안고 슬피 울기 시작했다.

"충직한 말아! 네가 나를 구했구나."

눈물 때문에 알립 마나시는 예전보다 열 배는 더 훌륭해졌다. 눈물에 젖은 말의 털은 은색으로 빛나기 시작했다. 알립 마나시와 말은 아크 칸에게 달려갔다. 아크 칸은 군대를 불러 모았다. 그는 회색에 다른 색이 섞인 말을 타고 가장 앞에서 달렸다. 그 옆에는 불타는 붉은 말을 탄 예르케 카라츠키가 있었다. 창들이 쇳소리를 냈고, 칼들은 둔탁한 소리를 냈으며, 화살들은 금속 소리를 냈다. 그러나 알립 마나시에게는 아무 소리도 들리지 않았다. 그에게는 오직 예르케 카라츠키만 보였다. 그녀도 알립 마나시를 바라보았다. 용사 알립 마나시는 가죽 칼집에서 칼을 빼 단단한 백양나무를 반으로 쪼갰다. 그는 말을 탄 아크 칸을 갈라진 나무 틈으로 처넣었다. 그런 다음 갈라진 반쪽을 손으로 눌러서 다시 나무로 돌려놓았다. 단단한 나무는 마치 바위처럼 서 있게 되었다.

알립 마나시는 단단한 채찍을 높이 들고 예르케 카라츠키에게 더 가까이 다가갔다. 채찍으로 그녀의 눈 사이를 때렸다. 그는 용감한 군사들에게 얼굴을 돌리고 조용히 말했다.

"나를 두려워하지 말라. 알립 마나시는 백성들과 싸우지 않는다. 오직 칸들을 죽일 따름이다."

알립 마나시는 그의 심장을 뛰게 하고 피를 흐르게 한 고향 땅을 향해 말을 몰았다. 물살이 센 강가에 다다르자 말은 추한 새끼 말로 변했다. 알립 마나시는 난쟁이 타스 타라카이로 변했다. 목젖이 턱 앞으로 툭 나왔고 땋은 머리는 눈 위에 늘어졌다. 그런데도 백발의 사공은 땋은 머리 아래에 있는 알립 마나시의 두 눈을 유심히 보고는 두 눈에서 나오는 광채를 알아보았다.

"타스 타라카이, 내 배에 타거라. 내가 강을 건너게 해 줄게. 알립 마나시 용사에 대해 들어보았니?"

타스 타라카이가 웃었다.

"제가 용사들을 많이 알지만 알립 마나시에 대해서는 들어 본 적이 없어요. 제가 노래를 많이 불렀지만 알립 마나시의 공적에 대해서는 들은 것이 없어서 노래할 것이 아무것도 없어요."

하얀 노인은 눈썹을 올리고 찡그리며 낮은 목소리로 말했다.

"지금은 아무도 노래하지 않지만 앞으로 노래하게 될 거야."

노인은 가방에서 번쩍이는 아홉 개의 촉을 지닌 화살을 꺼냈다.

"알립 마나시가 이 화살을 내게 선물했는데 그의 친구인 아크 코본이 이 화살을 강에 던졌어. 나는 3년 동안 이 화살을 찾아다녔고 마침내 어제 새 화살같이 된 이 화살을 물에서 건져 올렸어."

타스 타라카이는 배에서 바위로 뛰어내려서 다시 알립 마나시로 돌아갔다. 그 옆에는 그의 말이 서 있었다. 노인은 자작나무로 만든 배의 밑바닥 쪽으로 고개를 숙였다.

"내 눈의 불꽃, 내 가슴의 빛, 알립 마나시! 오늘 당신의 친구 아크 코본이 결혼식을 합니다. 그는 '순백의 진주' 쿠무제크 아루를 아내로 맞이합니다."

노인의 말을 들은 알립 마나시는 눈썹을 아래로 내려뜨렸다. 두 눈에서는 피눈물이 흘렀다. 그는 다시 난쟁이 타스 타라카이로 변했다. 그는 다시 더러운 말을 타고 바이바라크의 집으로 출발했다. 쿠무제크 아루의 오빠 칸 추레케이가 타스 타라카이 맞은편에서 말을 타고 가고 있었다.

"타스, 어디를 그렇게 급히 가니?

"아크 코본 집에. 성대한 결혼식을 보러."

칸 추레케이가 말을 때리며 소리쳤다.

"에이! 알립 마나시가 죽은 후 내게 위대한 것은 아무것도 없어. 너는 무엇 때문에 우니?"

"내 모습이 한심해서 슬퍼하는 거야. 내가 만일 다른 사람들처럼 생겼다면 네 동생 쿠무제크 아루를 볼 수 있을 텐데."

"뒤처지지 마, 타스. 우리가 같이 도착하면 나란히 앉게 될 거야."

칸 추레케이가 탄 말은 큰 보폭으로 가볍게 달렸다. 그런데 타스는 비쩍 마른 망아지를 세게 채찍질하고 그의 짧은 다리로 말의 옆구리를 세게 때렸지만 칸 추레케이는 이미 멀리 앞으로 가 버렸다. 그의 아홉 살 된 말은 가볍게 잘 달렸다. 그러다가 칸 추레케이 눈에는 타스 타라카이가 탄 비쩍 마른 말이 어느새 자신을 앞질러 앞으로 가고 있는 것이 보였다. 그렇게 두 사람은 앞서거니 뒤서거니 하면서 깔깔거리고 웃으며 바이바라크의 집까지 거의 다 왔다. 거기에는 고기가 산처럼 쌓여 있었고, 술은 호수를 이루고 있었다. 마치 숲속의 나무들처럼, 골짜기에 난 풀처럼 사람들이 엄청 많았다. 하얀 육각형의 집에 금발의 쿠무제크 아루가 앉아 있었다. 그녀의 머리카락은 진주처럼 눈부셨다. 그녀의 황금빛 머리카락을 여자들 여섯이 양 갈래로 땋고 있었다. 타스 타라카이는 천천히 문을 열고 들어와서 느리고 애처롭게 노래하기 시작했다.

쿠무제크 아루, 진줏빛 머리카락을
양 갈래로 땋았구나!
정말이지 새로운 친구를
찾은 건가? 쿠무제크 아루!

쿠무제크 아루가 눈물을 흘리며 답했다.

진주빛 머리를 땋은 건 내가
아니라오.
옛 친구를 버린 건 내가
아니라오.

"저리 꺼져, 추한 타스 놈아!"

아크 코본이 포효하며 타스를 문밖으로 내쫓았다. 그러나 타스는 다시 문을 열고 들어와서 노래를 부르기 시작했다.

예쁜 주전자에 담긴 술을
아크 코본이 마실 거고
푹신한 침대에서
아크 코본이 잠을 자겠지.
좋아하는 주전자에 담긴 술을
알립 마나시는 마실 수 없고
푹신한 침대에
알립 마나시의 자리는 없다네.

쿠무제크 아루가 답했다.

예쁜 주전자에 담긴 술은
누구든 원하면 마실 수 있고
푹신한 침대는
알립 마나시를 위한 것이라오.

쿠무제크 아루는 시중드는 여자들을 밀치고 벌떡 일어섰다. 그녀의 머리카락은 진줏빛 물결처럼, 은빛 안개처럼 아래로 흘러내렸다. 아크 코본은 타스 타라카이를 뒤쫓았다. 타스는 멀리 골짜기로, 높이 산으로 달아났다. 아크 코본의 활에서 발사된 화살은 거기까지 날아가지 못했다. 타스 타라카이는 어느새 다시 와서 노래했다.

만일 흰회색 말이 살아 있다면
어떻게 하겠는가?
무슨 일이 생길까?

쿠무제크 아루가 답했다.

흰회색 말의
금빛 털을 쓰다듬고
부드러운 알립 마나시를
껴안고 입 맞추리라.

빛나는 용사 알립 마나시가 순수한 쿠무제크 아루 옆에 나란히 섰다. 아크 코본은 학으로 변해서 연기가 나는 구멍으로 날아갔다. 화살이 학의 정수리에 박혔다. 그때부터 학은 이 표적을 지니고 살게 되었고 알타이인은 학의 고기를 먹지 않게 되었다. 알타이인들은 이렇게 말한다.

"이 새는 불쾌하긴 하지만 어쨌든 인간의 피를 지녔다."

유스큐제크와 알틴 차치

갈까마귀도 지나가지 않는 파란 계곡, 까치도 날아들 수 없는 노란 계곡의 끝, 얼음으로 뒤덮인 산 아래 작은 집이 한 채 있었다. 집에서 하얀 연기가 가느다란 실처럼 피어올랐다. 그 집에 유스큐제크가 살고 있었다. 그는 갈색 젖소의 젖을 먹고 자랐다. 노란 염소와 놀고 짙은 갈색 말을 타고 다녔다.

하루는 유스큐제크가 잠에서 깨 큰 소리로 자신의 말을 불렀다. 그런데 말과 젖소와 염소가 어디로 갔는지 사라져 버리고 없었다. 일곱 마리 늑대의 발자국이 얼음 산꼭대기로 나 있었다. 유스큐제크가 큰 소리로 울기 시작했다.

"뒤를 돌아보아도 그림자 말고는 아무것도 없어. 손을 들어도 내 귀밖에는 잡히는 게 없어. 나를 보호해 줄 아버지도 없고, 귀여워해 줄 어머니도 없어. 둥지에서 떨어진 새끼 새에게도 묻힐 곳이 있는데. 나는 늑대들에게 복수하기 전까지 집에 절대 돌아오지 않을 거야!"

유스큐제크는 집을 떠났다. 그는 하루 종일 걸었다. 그는 마침내 산의 좁은 능선에 올라서 발걸음을 옮기다 그만 절벽 아래로 떨어졌다. 태양도 달도 보이지 않았다. 유스큐제크는 소리를 질렀다. 그의 외로운 울음소리가 독수리 카안 케레데의 마음을 움직였다. 카안 케레데는 넓은 날개를 세우고 늠름한 기세로 절벽 아래로 돌진해서 뼈가 앙상한 발로 유스큐제크를 꽉 잡았다. 그리고 나뭇잎이 항상 푸른빛을 띠고 있는 곳에 그를 데려다 놓았다. 거기는 뻐꾸기가 1년 내내 부드럽게 우는 곳이었다. 유스큐제크 바로 맞은편에 있는 분홍색 바위에는 회색 늑대 일곱 마리가 검은 머리를 단단한 발에 댄 채 누워 있었다. 유스큐제크는 허리에서 푸른 도끼를 꺼내고는 늑대에게 물었다.

"내 갈색 말은 어디 있어? 갈색 젖소는 어디 있어? 내 염소는 어디 있어?"

그다음은 어떻게 되었는지 유스큐제크는 기억나지 않았다. 깨어 보니 큰 동굴 안이었다. 바닥에는 곰의 가죽이 깔려 있었다. 달과 별 무늬로 수놓아진 비단 휘장이 드리워져 있었다. 일곱 마리 늑대는 유스큐제크에게 진한 차가 담긴 황금 찻잔과 기름진 음식이 담긴 쟁반을 가져다주었다. 유스큐제크는 요기를 했다. 늑대들이 말했다.

"이제 너의 가축을 봐야지?"

유스큐제크는 동굴을 나왔다. 갈색 말이 비단 갈기를 어깨 위에 축 늘어뜨린 채 있었다. 젖소는 새끼와 함께 뛰어왔다. 염소는 수염을 털며 날뛰었다.

늑대들이 또 물었다.

"네게 또 무엇을 줄까?"

"아깝지 않으면 마당에 어슬렁거리고 있는 강아지를 줘."

일곱 마리 늑대는 모두 하나같이 등을 돌리고는 눈물을 떨어뜨렸다.

"그래, 가져가."

유스큐제크는 분홍 바위들 틈에서 피어 영원히 지지 않는 흰 벚꽃을 뒤로하고 떠났다. 그는 습지를 따라 걸어 가파른 산길로 올라갔다. 회색의 초원 지대와 모래 지대를 통과했다. 그러나 집으로 가는 길은 보이지 않았다. 유스큐제크는 나무 그루터기에 앉아 눈을 감았다.

조금 후 유스큐제크가 눈을 떴다. 그런데 어떻게 된 일인가. 그의 눈앞에 치즈와 고기가 담긴 쟁반이 있는 것이 아닌가? 유스큐제크는 요기를 하고 휴식을 취했다. 그리고 강아지에게 먹을 것을 주고 일어났다. 파란 계곡과 얼음 산자락 아래에 집이 한 채 있었다. 유스큐제크는 깜깜한 집 안에 들어가 모닥불을 피웠다. 나무 찻잔에 분홍빛 크림이 흘러내리고 있었고 아궁이 위 청동 냄비에서는 걸쭉한 차가 팔팔 끓고 있었다.

'누가 이런 것을 준비했지?'

유스큐제크는 염소 가죽 위에 누워서 눈을 감았다. 그는 그날 밤과 다음 날 아침까지 꼼짝하지 않고 누워 있었다. 산 너머로부터 이미 해가 뜬 지 오래되었지만 유스큐제크는 계속 누워 있었다. 정오가 되자 노란 강아지가 슬피 울기 시작했다. 강아지가 울다가 갑자기 몸을 흔들자 가죽이 떨어졌다. 강아지는 처녀로 변했다. 처녀가 아궁이 쪽으로 다가왔다. 그녀의 양쪽 귀는 마치 두 달과 같았고, 눈썹은 아주 검었다. 금빛 머리카락은 부드럽게 빛났다. 유스큐제크는 강아지의 털가죽을 잡았고 아름다운 처녀는 손바닥으로 동그란 무릎을 때렸다. 그녀의 크고 둥근 눈에 눈물이 가득 고였다.

"제 가죽을 돌려주세요!"

유스큐제크는 무릎을 꿇었다.

"내 더러운 손으로 당신을 잡지 않겠습니다. 어째서 당신이 개가 되었는지 감히 물어도 되겠습니까?"

"카라티 칸이 저를 아내로 삼으려 했어요. 그를 피하기 위해서 오빠들은 늑대로, 저는 강아지로 변한 것입니다. 제 이름은 '금빛 머리카락' 알틴 차치입니다. 제 가죽을 돌려주세요!"

유스큐제크는 개의 가죽을 황금빛 상자에 숨긴 다음 철궤에 넣어 잠가 버렸다. 그리고 나무로 만든 큰 상자에 철궤를 넣었다.

한편 카라티 칸의 귀 네 개를 가진 우유같이 흰 새끼 말이 사라졌다. 우유같이 흰 암말 떼가 종마 뒤를 따라 도망갔다. 카라티 칸은 말들을 찾으러 갔다. 여기저기 눈길 닿는 곳은 모두 살펴보았지만 흰 암말 떼는 어디에도 보이지 않았다. 그는 말고삐를 돌리려고 했다. 그런데 갑자기 파란 골짜기 끝 얼음 산자락 밑에서 희미한 빛이 나오는 것을 발견했다. 자세히 살펴보니 작은 집에서 불빛이 나오고 있었다. 그는 외투의 앞깃을 여미고 말을 채찍으로 힘껏 때렸다. 그러자 갈색 말은 마치 활에서 발사된 화살처럼 앞으로 쏜살같이 날아갔다. 칸이 고함을 질렀다.

"에이! 누구 집이 불타고 있는 거냐?"

유스큐제크는 놀라서 개의 가죽을 꺼내는 것을 잊은 채 도망쳤다. 알틴 차치도 온 힘을 다해 도망쳤다. 카라티 칸은 그곳이 반짝이는 이유가 달빛 때문도, 집이 불타고 있기 때문도 아니라는 것을 알아차렸다. 바로 알틴 차치의 머리카락이 아침 햇살에 빛나고 있다는 것을 알아차렸다. 카라티 칸의 양 눈썹이 낮은 산처럼 올라갔다. 마치 물살이 급한 강물이 강가를 덮치듯 그는 입술을 꽉 깨물었다. 흰 말 떼에 대해서는 까맣게 잊고 주위를 돌아보지도 않은 채 그는 자신의 흰 궁전으로 내달렸다.

칸은 자리에 앉아 있을 수가 없었다. 자리는 마치 불에 달구어진 돌과도 같았다. 그는 먹을 수도 없었다. 마치 가시가 목에 걸린 것 같았다. 가방에서 종이를 꺼내서 앉지도 않은 채 서서 글을 썼다.

"알타이의 모든 백성과 셀 수 없이 많은 희고 붉은 짐승들, 뿔이 있고 발굽이 있는 짐승들의 소유자인 나, 카라티 칸은 말이 없는 유스큐제크를 불러 큰 공을 세우게 하고자 한다. 만일 유스큐제크, 네가 독수리 둥지에서 황금 알을 꺼내 가지고 오면 예순 가지 다양한 언어를 사용하는 백성들과 예순 가지 각각 다른 털 색깔을 가진 가축들을 하사하겠노라. 그러나 만일 네가 그 일을 실행하지 못하면 알틴 차치는 내 아내가 될 거다. 너의 목을 베어 다리에 묶고 다리를 잘라 목에 붙일 거다. 진한 갈색 말을 타고 다니는 카라티 칸이 이 글을 쓴다."

칸의 궁전 굴뚝 끝에는 매 두 마리가 항상 앉아 있었다. 카라티 칸이 매에게 말했다.

"빛의 속도로 날아가거라!"

매는 편지를 물고 유스큐제크가 있는 집을 향해 돌진해서 편지를 떨어뜨리고 다시 날아갔다. 알틴 차치가 그 편지를 읽었다. 편지를 읽고 난 후 그녀의 얼굴은 두 번 흙빛이 되었다가 두 번 창백해졌다.

"카라티 칸이 당신에게 황금 알을 가지러 독수리 둥지로 가라고 하는군요."

그날 이후 유스큐제크는 한시도 쉬지 않고 잠도 자지 않고 낮에도 밤에도 걸었다. 하루하루가 마치 눈송이처럼 순식간에 사라졌고 해는 뱀처럼 기어갔다. 여름의 태양은 그의 양어깨를 태웠다. 문밖에 눈이 내리자 겨울이 왔다는 것을 알았다. 그는 계속 걸었다. 그러다 갑자기 검은 먹구름이 완전히 사라졌다. 아흔아홉 개의 큰 가지가 있는 백양나무가 유스큐제크 앞에 나타났다. 백양나무 뿌리 밑에서 뱀의 눈이 번득였다. 나무 꼭대기에 있는 큰 둥지에서 어린 독수리 두 마리가 울고 있었다. 유스큐제크는 차가운 뱀의 눈동자에서 자신의 따뜻한 눈을 거두어들였다. 검은 활을 당겼다. 활의 끝이 팽팽해졌다. 유스큐제크는 화살을 쏘았다. 뱀의 머리 세 개가 땅끝으로 데굴데굴 굴렀다. 뱀의 피로 바닷물이 검게 변해 넘쳤다. 뱀의 몸은 영겁의 거대한 산처럼 강가에 누웠다.

"누가 꺼져 가는 모닥불을 활활 피웠지? 누가 죽은 우리를 다시 살아나게 했지?" 독수리 새끼들이 말했다.

유스큐제크가 보이자 독수리들이 헐벗은 날개를 펼쳤다. 유스큐제크가 날개를 잡자 독수리들은 그를 둥지로 올렸다.

달이 떠오르고 있었다. 유스큐제크는 독수리들과 함께 고기를 삶고 담배를 피웠다. 달이 사라지자 유스큐제크는 독수리와 함께 노래를 불렀다. 태양이 몇 번이나 떠올랐는지 그들은 세지 않았다. 무시무시한 바람이 불었을 때 비로소 독수리들이 말했다.

"이것은 우리 아버지와 어머니가 날개를 흔드는 거야."

굵고 세찬 비가 엄청나게 내렸다.

"이것은 아버지와 어머니가 우리가 보고 싶어 우는 거야."

산과 강, 드넓은 알타이 위에 두 날개가 쭉 펴졌다. 아버지 독수리 카안 케레데가 날고 있는 것이었다. 또 두 날개가 동쪽 하늘에서 서쪽까지 땅 위에 활짝 펴져 있었다. 어머니 독수리가 날고 있었다.

어머니 독수리가 말했다.

"둥지에서 나는 게 무슨 냄새지?"

활시위에서 발사된 화살처럼 독수리들은 위로 날아올랐다.

"둥지에 누가 앉아 있는 거니?"

새끼 독수리들이 졸랐다.

"아버지, 어머니, 백양나무 아래를 보세요!"

아버지 독수리 카안 케레데는 나무 아래에 머리가 셋 달린 뱀이 죽어 있는 것을 보았다. 어머니 독수리와 아버지 독수리는 허공으로 던져진 칼처럼 아래로 쏜살같이 내려갔다. 죽은 뱀을 세 번 삼켰다가 세 번 뱉어 냈다.

"어떤 용사가 뱀을 죽였니?"

어린 독수리들이 대답했다.

"어머니와 아버지의 두근거리는 심장이 가라앉으면, 위가 데워지면, 부리가 마르면 그 용사를 보여 드릴게요."

"애들아, 용사를 보여 줘! 그를 발톱으로 할퀴지도 않고 부리로 쪼지도 않을게."

새끼 독수리들은 날개를 접었다. 유스큐제크가 겁먹은 눈으로 큰 독수리들을 바라보았다. 아버지 독수리가 깃털을 곤두세웠다. 어머니 독수리가 무서운 울음소리를 내기 시작했다. 어머니 독수리는 무서운 부리로 유스큐제크의 옷을 찢고 그의 어깨 네 군데에 난 깊은 상처를 보았다. 아버지 독수리 카안 케레데가 깊은 신음 소리를 네 번 냈다.

"언젠가 깊은 절벽에서 내가 너를 구해 주었어. 너의 어깨에 내 발톱 자국이 있어. 이제 네가 우리 새끼들을 구했구나. 무엇을 원하니? 왜 여기 온 거니?"

"카라티 칸이 당신의 둥지에서 황금알을 훔쳐 오라고 내게 시켰어요."

카안 카라데가 말했다.

"우리와 카라티 칸은 친구 사이가 아니야. 설마 그가 낯선 둥지에 자신의 보물을 보관할까! 우리에게 황금알은 없어."

그러자 유스큐제크의 어린 뼈가 강해졌다. 그의 목소리도 어른 목소리로 변했다. 그의 까무잡잡한 얼굴은 분노로 파랗게 질렸다.

카안 케레데가 말했다.

"원한다면 너를 집에 데려다줄게."

유스큐제크는 카안 케레데의 넓은 등에 앉아 검은 깃털을 꽉 잡았다. 그는 날면서 눈을 꼭 감아서 아래를 바라보지 못했다. 얼마나 날았는지 알 수 없었다. 독수리는 그를 한 부락에 내려놓았다. 그곳이 어디인지 유스큐제크는 알 수 없었다. 그는 한 번도 그곳에 가 본 적이 없었다. 텅 빈 들판에 거의 쓰러져 가는 초목 집 한 채가 있었다. 그 집에는 검은 할아버지가 있었다. 할아버지는 앞니가 다 빠졌다. 콧수염은 하얬다. 양발은 단단한 허리끈으로 감겨 있었다.

"귀여운 아이야, 어디서 왔니?"

할아버지는 유스큐제크에게 치즈 조각과 우유를 주었다. 저녁 늦게 할머니가 집에 왔다. 치즈를 먹으려고 했으나 찾지 못했다. 우유를 마시고 싶었지만 우유 잔이 비어 있었다. 할머니는 나무 지팡이를 들어 할아버지의 머리를 때렸다.

"마지막 남은 식량을 지나가는 사람에게 줘 버리다니! 이제 어떻게 살아갈 거요?"

"할멈, 너무 욕하지 마. 우리 아들이 살아 있는지 죽었는지 모르잖아. 내가 이 배고픈 젊은이를 거두어 먹였으니 아마 사람들도 우리 아들을 굶게 내버려 두지 않을 거야."

한밤중에 할아버지는 잠이 들었다. 그러나 할머니는 우유와 치즈 생각이 나서 잠이 오지 않았다. 할머니는 화난 눈으로 유스큐제크의 벗은 등을 바라보았다. 반점이 보였다. 할머니는 일어나서 할아버지를 깨웠다. 할아버지는 잠에서 깨 그 반점을 보았다. 그의 차가운 몸이 뜨거워졌다. 희미하게 빛을 잃은 눈에는 눈물이 고였다.

"청년, 청년, 일어나 봐! 너는 우리의 빛이자 등불이야. 너는 우리의 유일한 아들이야. 네가 한 살 되던 해 우리는 카라티 칸에게 바칠 세금을 낼 수가 없었어. 그러자 그가 우리를 붙잡아서 묶더니 멀리 쫓아냈어. 그때부터 네 소식을 들을 수 없었어. 우리는 너를 보기 전에는 죽을 수가 없어서 죽음을 9년 동안이나 미루고 있어."

유스큐제크는 아버지와 어머니에게 입을 맞추었다. 단단한 손바닥으로 그들의 하얀 머리카락을 쓰다듬었다. 노인들은 앉아서 영원한 잠을 자듯이 잠들었다.

유스큐제크는 자신이 살던 집을 나올 때는 어린아이였

고, 독수리 둥지를 나올 때는 소년이었다. 이제 유스큐제크는 이를 악물고 어깨를 곧게 폈다. 그는 성숙했고 용감해졌고 어른이 되었다.

카라티 칸은 밤에도 낮에도 잠을 자지 않았다. 줄곧 안절부절못했다. 그는 유스큐제크가 죽었다는 소식을 계속 기다리고 있었다. 그는 하루빨리 알틴 차치와 결혼하고 싶었다. 그는 하인에게 명령했다.

"여봐라! 가서 알틴 차치가 울고 있는지, 웃고 있는지 보고 오너라. 하루 안에 다녀와서 있는 그대로 내게 보고하라."

하인은 궁전에서 나와 유스큐제크의 집을 향해 질주했다. 하루 안에 돌아오라고 카라티 칸이 명령했기 때문에 서둘렀다. 하인은 한시도 쉬지 않고 달렸다. 그는 알틴 차치를 곁눈으로만 잠시 보고 다시 돌아오려고 했다. 그러나 한쪽 눈으로 알틴 차치를 보고서는 그가 왜 여기에 왔는지 까맣게 잊어버렸다. 하인은 입을 크게 벌리고 눈을 깜박거리지도 않고 알틴 차치를 바라보았다. 그녀의 머리카락은 가을의 자작나무 입처럼 금빛이었고, 속눈썹은 침엽수 잎처럼 길고 새까맸다. 하인은 낮에도 밤에도 온종일 열린 문 옆에 앉아 있었다. 그는 여기 왜 왔는지, 어디로 가야 하는지 전혀 기억이 나지 않았다.

다음 날 땅과 하늘이 흔들렸다. 검은 회오리가 일어나서 유스큐제크의 집을 마른 나뭇가지처럼 하늘로 날려 버렸다. 암갈색 말을 타고 가던 카라티 칸이 하인의 머리채를 붙잡았다.

"네가 어떻게 감히 알틴 차치를 봤단 말이냐?"

카라티 칸은 하인의 머리채를 자신의 구릿빛 손에 감아 산 너머로 던졌다. 영원한 돌처럼 차갑고 어두운 가슴을 안고 유스큐제크는 집으로 돌아왔다.

"어이, 유스큐제크! 황금 알은 어디에 있어?"

카라티 칸이 가죽 채찍으로 유스큐제크를 때렸다.

유스큐제크가 소리쳤다.

"인간의 피를 팔아먹고 사는 카라티 칸! 힘이 있다고 약한 사람을 때리지 마시오. 사악한 혀로 가만히 있는 사람들을 모욕하지 마시오. 얇은 안장을 얹고 다니는 착한 말이 있을 수 있고, 찢어진 옷을 입은 용사도 있을 수 있다오."

유스큐제크는 그 자리에서 카라티 칸을 암갈색 말에서 끌어내려 문 뒤로 끌고 갔다. 카라티 칸이 유스큐제크를 두 손으로 붙잡았다. 위대한 싸움이 시작되었다. 싸움은 7년 동안 계속되었다. 그들의 발이 복사뼈까지 땅속으로 묻혔다. 바위가 부서져서 보드랍게 된 땅속에 무릎까지 처박혔다. 두 사람 중 누구도 넘어지지 않았다. 누구도 손으로 땅을 짚지 않았다. 그들은 9년 동안 싸웠다. 그들의 싸움으로 땅이 요동을 쳤다. 산들은 야크처럼, 작은 언덕들은 노루처럼 불쑥불쑥 위로 튀어 올랐다. 호수 물이 넘쳐 호숫가를 덮쳤고 강물이 바위에서 바위로 이리저리 세차게 흘렀다.

마침내 유스큐제크가 왼손과 오른쪽 무릎으로 땅을 건드렸다.

"늑대 형제여! 독수리들이여! 카안 케레데! 도와줘!"

독수리들이 산과 계곡 위에서 날개를 펄럭이며 날아왔다. 회색 회오리바람처럼 회색빛 늑대가 암갈색 말을 일곱 번 삼켰다가 일곱 번 뱉었다. 독수리 카안 케레데는 단단한 발톱으로 카라티 칸을 꽉 잡아 창공으로 끌고 가 만년 얼음산으로 던져 버렸다. 카라티 칸의 육신에서는 개에게 줄 살점 한 조각조차 남지 않았다. 카라티 칸의 가죽에서는 바늘로 꿸 피부 한 조각도 남지 않았다. 바람이 그의 유골을 마치 먼지처럼 날려 버렸다.

사리 칸

알타이에 무소불위의 사리 칸이 살았다. 그가 가지고 있는 가축은 개미집 안의 개미처럼 많았다. 재물이 든 궤짝은 넘쳐 나서 집에 더 이상 쌓아 둘 곳이 없었다. 재물 궤짝들은 높은 산처럼 집 주변에 층층이 쌓여 있었다. 그런데 칸은 매운 것과 단 것을 구별하지 못했다. 또 검은색과 갈색을 혼동했다. 세 아내의 이름도 외우지 못했다.

첫 아내가 딸을 낳았고, 이어 둘째 아내도 딸을 낳았다. 칸은 굵은 목소리로 말했다.

"됐다! 이제 아들을 갖고 싶다."

시간이 흘러 셋째 아내가 아기를 낳았다. 사리 칸이 하인을 불렀다.

"여봐라! 딸인지 아들인지 알아보고 오너라."

하인이 가서 보니 딸이었다. 하인은 칸에게 가면서 생각했다.

'어떡하지? 아들이라고 말할까? 칸이 아들인 줄 믿었다가 나중에 아니라는 것을 알게 되면 속인 죄로 내 목을 베어 버릴 거야. 만일 딸이라고 말해도 내 목에 도끼가 날아오기는 마찬가지일걸.'

하인은 사리 칸에게 가서 무릎을 꿇었다.

"음! 아들이냐, 딸이냐? 빨리 말해라. 부디 내 귀를 즐겁게 해 다오."

하인은 입을 열 수 없었다. 턱이 덜덜거렸다. 하도 떨어 낡은 양가죽 외투 자락이 무릎에 닿아 소리를 냈다. 땋은 머리가 왼쪽 귀 위로 흘러내렸다. 이가 덜덜 떨려 아주 추울 때 부딪치는 소리가 났다. 마침내 하인은 겨우 입을 뗐다.

"따-아-님이 태어나셨습니다."

"안 돼! 내가 아들을 원한다고 말했는데. 아들을 원한다고 말이야. 계집애는 이제 충분해! 형리는 어디에 있느냐?"

형리가 와서 하인을 가죽끈으로 묶었다. 그런데 그때 갑자기 메추리 한 마리가 사리 칸의 머리에 날아와서 앉았다. 사리 칸이 하인에게 소리를 질렀다.

"메추리를 즉시 잡아라!"

"그럴 수 없습니다."

"왜?"

"제 팔이 묶여 있습니다."

"그를 풀어 주어라!"

형리들이 하인의 가죽끈을 풀어 주었다. 하인은 손을 쭉 뻗었다. 그러나 메추리는 집 안을 빙빙 날아다녔다.

사리 칸이 웃음을 터뜨렸다.

"이 멍청아! 멍청아! 누가 메추리를 손으로 잡는단 말이냐? 해머로 내려쳐. 다시는 빠져나갈 수 없게."

메추리는 날아다니다가 다시 사리 칸의 머리에 앉았다. 사리 칸은 불같이 화를 냈다.

"뭘 꾸물거리느냐? 말했잖아. 해머를 들어서 메추리를 때려!"

사리 칸이 엄하게 명령했다. 하인은 그의 말에 순종하지 않을 수 없었다. 하인은 두 손으로 끙끙거리며 해머를 들어 올렸다. 그는 해머를 휘둘렀다. 그러나 메추리는 날아가 버렸다. 해머는 사리 칸의 머리 위로 떨어졌다.

큰 사슴의 울분

붉은 여우 한 마리가 푸른 언덕에서 검은 숲으로 뛰어왔다. 여우는 숲에 자신의 굴을 아직 파지 못했다. 여우는 곰이 늙었다는 숲의 소식을 이미 알고 있었다. 여우는 통곡하며 숲으로 갔다.

"아이고, 이런 불행이, 이런 슬픔이 어디에 있담! 제일 연장자이신 우리 갈색 곰님이 죽어 가다니. 그의 금빛 털은 빛을 잃기 시작했고 날카로운 이빨은 무뎌졌다. 발은 예전처럼 힘이 없다. 서두릅시다. 서두릅시다! 우리 숲에서 누가 가장 현명하고 훌륭한지, 누구에게 송가를 불러 줄지, 누구를 곰님의 자리에 앉힐지 모여서 생각합시다."

아홉 개의 강이 합치는 곳, 아홉 개의 산기슭, 물살이 센 샘 위쪽에 가지가 무성한 삼나무가 한 그루 서 있었다. 삼나무 아래 검은 숲에서 온 짐승들이 모두 모였다. 서로 자신의 털을 보여 주고 지혜와 힘, 아름다움을 뽐냈다. 늙은 곰 역시 왔다.

"무슨 소란이야? 무엇을 가지고 논쟁하니?"

짐승들이 조용해졌다. 그런데 여우가 뾰족한 얼굴을 치켜들고 울먹이기 시작했다.

"아이고, 존경하는 어르신! 부디 늙지도 마시고 강건하세요. 백 년 사세요! 우리는 여기서 논쟁하고 또 논쟁을 해도 어르신 없이는 누가 가장 똑똑하고 잘 생겼는지 결정할 수 없어요."

곰이 투덜거렸다.

"모두 제각각 나름대로 잘생겼어."

"아이고, 가장 현명하신 어르신, 우리는 어쨌든 어르신의 말을 따르겠어요. 누구든 지목을 하시면 그에게 송가를 불러 주고 상좌에 앉히겠어요."

그렇게 말하고 여우는 자신의 붉은 꼬리를 펴고 금빛 털에 침을 발라 매끄럽게 하고 흰 가슴을 곧게 폈다. 그때 짐승들은 갑자기 멀리서 뛰어오는 뿔이 많은 큰 사슴 한 마리를 보았다. 사슴은 다리로 산의 정상을 밟고, 가지 많은 뿔은 하늘에 흔적을 남겼다. 여우는 입을 다물 수 없었다. 사슴은 벌써 이곳에 도착했다. 그렇게 빨리 뛰어 왔는데도 매끈한 털은 땀범벅이 되지도 않았고, 탄력 있는 늑골은 움직임이 별로 없었고, 팽팽한 혈관의 따뜻한 피는 끓지도 않았다. 심장은 평온하고 고르게 뛰었다. 큰 눈은 조용히 빛나고 있었다. 사슴은 분홍빛 혀로 갈색 입술을 핥고 흰 이를 드러내고 웃었다.

곰은 천천히 일어나서 재채기를 하고 사슴 쪽으로 발을

내밀었다.

"바로 이 사슴이 제일 잘생겼다."

여우는 질투로 자신의 꼬리를 물었다. 여우가 노래하기 시작했다.

"고귀한 사슴님, 당신이 과연 잘살까요? 당신의 날씬한 다리는 힘을 잃었고, 넓은 가슴은 숨 쉬기도 부족한 것 같네요. 보잘것없는 다람쥐도 당신을 앞질렀고 다리가 굽은 오소리도 벌써 여기에 왔어요. 심지어 느려 터진 너구리도 당신보다 훨씬 일찍 도착했어요."

사슴은 가지가 많은 뿔을 숙이고 덥수룩한 가슴을 흔들며 말했다. 그의 목소리는 갈대피리처럼 울렸다.

"존경하는 여우님! 다람쥐는 이 삼나무에서 살고, 오소리는 바로 옆 나무에서 잤고, 너구리의 굴은 여기 언덕 뒤에 있어요. 하지만 나는 아홉 골짜기를 지나고 아홉 개의 강을 건너 아홉 개의 산을 넘어서 왔어요."

사슴이 머리를 들었다. 사슴의 귀는 꽃잎과 같았다. 얇은 보풀로 싸인 뿔은 투명해서 마치 오월의 꿀을 따를 때와 비슷했다.

곰이 화를 냈다.

"여우야, 무슨 일을 그렇게 벌이니? 설마 네가 좌장이 되리라고 혼자 생각했느냐?"

곰은 여우를 멀리 차 버리고 사슴을 보고 애원했다.

"고귀한 사슴아, 제발 부탁이니 상좌를 차지해 다오."

그런데 여우가 다시 왔다.

"으-하-하! 갈색 사슴을 좌장으로 뽑고 싶어 하다니. 그에게 송가를 부르려고 하다니. 하-하-하! 지금은 그가 아름답지만 겨울에 그를 보시오. 머리에 뿔은 없고 뿌리만 남아 있을 거요. 털은 듬성듬성 매달려 있고 목은 가느다랗고 몸을 오그린 채 걷고 바람만 불어도 흔들릴 거요."

사슴은 대꾸할 말을 찾지 못한 채 짐승들을 바라보았다. 짐승들은 잠자코 있었다. 심지어 곰도 봄마다 사슴에게 새로운 뿔이 자라나고 해마다 뿔에 새로운 가지가 생겨 해를 거듭할수록 뿔의 가지가 무성해지고 나이가 들수록 사슴은 더 아름다워진다는 것을 기억해 내지 못했다.

심한 울분으로 사슴의 눈에서는 뜨거운 눈물이 떨어져 뺨을 태웠다. 뺨의 뼈까지 타서 움푹 들어가게 되었다.

그래서 사슴을 보면 그의 눈 밑에 어두운 빛의 깊은 홈이 있는 것이다. 하지만 그것 때문에 사슴의 눈은 더욱 아름다워졌고 짐승들뿐 아니라 인간도 사슴의 아름다움을 칭송한다.

욕심 많은 들꿩

자작나무의 황금색 잎이 떨어지고, 낙엽송의 낙엽들이 다 떨어져 가고 있었다. 사나운 바람이 불고 차가운 비가 내렸다. 여름이 가고 가을이 왔다. 새들이 따뜻한 나라로 날아가야 할 때가 다가왔다. 이레 동안 숲 가장자리에 새들이 모였다. 이레 동안 새들은 서로를 불렀다.

"모두 왔니? 모두 왔어? 다 온 거야?"

들꿩의 소리가 들리지 않았다. 들꿩이 보이지 않았다. 독수리가 굽은 부리로 마른 나뭇가지를 툭툭 쳤다. 다시 한 번 치고 나서 뻐꾸기에게 들꿩을 불러오게 했다.

뻐꾸기는 날개를 활짝 펴고 수풀 속으로 날아갔다. 들꿩은 거기 삼나무에 앉아서 솔방울 열매를 벗기고 있었다.

"존경하는 들꿩님, 새들이 따뜻한 나라로 갈 예정입니다. 벌써 이레 동안 당신을 기다리고 있습니다."

"무슨 소리야! 따뜻한 나라로 가는 건 서두르지 않아도 돼. 지금 숲에 열매와 호두가 얼마나 많은데… 이것들을 쥐와 다람쥐에게 남긴다고?"

뻐꾸기가 돌아왔다.

"들꿩님은 솔방울 열매를 갉아 먹고 있어요. 남쪽으로 날아가는 것을 서두를 필요 없다고 말하더군요."

독수리는 날쌘 할미새를 보냈다. 할미새는 삼나무로 날아와서 나무줄기 근처를 열 번 배회했다.

"서둘러, 들꿩아, 서둘러!"

"넌 너무 서둘러. 난 긴 여행을 앞두고 한잔 마셔야만 해."

할미새는 꽁지를 흔들었다. 삼나무 근처를 날고 또 날다 떠나 버렸다.

"위대한 독수리님, 들꿩은 긴 여행에 앞서 한잔 마시고 싶어 합니다."

독수리는 화를 냈다. 그는 모든 새에게 지체하지 말고 따뜻한 나라로 날아가라고 명령했다.

한편 들꿩은 또 이레 동안 솔방울 열매를 고르고 여드레째 되는 날 한숨을 쉬고 나서 부리를 닦았다.

"아, 이 모든 것을 먹어 치우기는 힘에 부친다. 이렇게 많은 열매를 버리고 가는 것이 애석하지만 어쩌겠어. 나는 가야 해."

그리고 무겁게 날개를 털며 숲 가장자리로 날아갔다. 그러나 새들은 보이지 않았다. 새들의 소리도 들리지 않았다.

'이게 뭐지?'

들꿩은 두 눈을 의심했다. 들판은 텅 비었고 심지어 항상 푸르렀던 삼나무들도 가지만 앙상했다. 꿩을 기다렸던 새들이 모든 침엽수 잎들을 다 쪼아 먹었던 것이다. 꿩은 구슬피 꺽꺽거리며 슬피 울었다.

"나를 놔두고 새들이 따뜻한 남쪽으로 떠나 버렸어. 이제 나는 여기에서 어떻게 겨울을 난단 말인가?"

눈물 때문에 들꿩의 검은 눈썹이 붉어졌다. 그때부터 지금까지 들꿩의 후손들은 이 일을 회상하며 슬피 운다. 그래서 모든 들꿩의 눈썹은 마가목 열매처럼 빨갛다.

보리 낟알

좋은 날은 잊히지 않고 좋은 일은 영원히 기억에 남는 법이다. 옛날에 명랑한 파랑새가 우리의 숲을 여기저기 지저귀며 날아다녔다.

겨울철 어느 날 불행한 일이 닥쳤다. 먹구름이 몰려오더니 비가 퍼부었다. 비는 아흐레 동안 잦아들 기미를 보이지 않았다. 그리고 열흘째 되는 날 엄동설한이 시작되었다. 온 땅은 두꺼운 얼음으로 덮였다. 동물들은 꽁꽁 언 얼음을 발굽으로 깨뜨릴 수도, 이빨로 갉을 수도 없었다. 풀 한 포기도 볼 수 없었다. 가축들은 모두 굶어 죽었다. 사람들도 고기 맛을 잊어버렸다. 솥에서는 맹물만 끓었다. 노인들은 배고픔으로 죽어 갔고, 건장한 젊은이들도 힘을 잃었다. 처녀들은 미소를 완전히 잃어버렸다. 불행은 마치 깜깜한 밤처럼 모두를 짓눌렀다. 어디를 가도 노랫소리 대신 메마른 신음소리만 들렸다. 심지어 새들도 지저귀지 않았다. 오직 파랑새만이 재잘거렸다. 파랑새는 죽어 가는 사람들을 보며 생각에 잠겼다.

'어떻게 그들을 돕지? 어떻게 사람들을 굶주림에서 구하지?'

파랑새는 여러 번 저 멀리 초원으로 날아갔다 올 기회가 있었다. 거기에서 파랑새는 러시아인들을 보았다. 그들은 집에서 살고, 땅을 경작하고 곡식을 심었다. 여자들은 뜨거운 화덕에서 빵을 구웠다. 먼 곳에서 날아온 파랑새에게 빵부스러기를 먹였다. 그 빵부스러기보다 맛있는 것은 이 세상에 없었다.

파랑새는 드디어 좋은 생각이 떠올랐다. 나뭇가지에서 민첩하게 뛰어내려 숲속 사람들을 향해 말했다.

"제가 당신들을 도울게요."

파랑새는 공중으로 솟아올라 초원 쪽으로 날아갔다. 죽어 가는 사람들은 파랑새를 눈으로 배웅하며 한숨을 쉬었다.

"과연 저렇게 조그만 새 한 마리가 사람들을 구할 수 있을까? 새는 그런 힘이 없어."

그래도 사람들은 파랑새가 날아간 곳을 바라보며 어쨌든 기다렸다.

해가 높이 솟아올랐다. 봄의 따뜻함은 땅 위의 얼음을 녹였다. 시냇물은 졸졸거리고 어린 풀은 파래지기 시작했다. 굶주린 사람들은 겨우 옮겨 다니며 땅을 파고 제비꽃 풀뿌리를 먹었다. 그리고 줄곧 하늘 위를 바라보았다.

"파랑새가 보이지 않네…"

"아마 사악한 매가 뒤쫓아 가서 잡아 날카로운 발톱으로 물어뜯고 굽은 부리로 쪼았나 봐."

민첩한 파랑새는 줄곧 하늘 높이 날고 또 날았다. 한편 초원에는 귀리가 일렁거렸고 자작나무들은 푸른 잎으로 옷을 갈아입고 있었다.

러시아 농부들은 땅을 갈았다. 밭고랑에는 밀, 호밀, 보리 알갱이가 든 자루들이 놓여 있었다. 파랑새는 자루 위를 빙빙 돌았다. 하지만 사람들에게 묻지도 않고 알갱이를 가져갈 수는 없었다. 새가 땅바닥에 부딪히자 젊은 아가씨가 되었다.

아가씨의 양 볼은 숲속의 작약처럼 붉었고 두 눈은 검은 구스베리 열매처럼 새까맸다. 눈썹은 마치 비상하는 날개 같았다. 아가씨는 농부에게 다가가 허리를 굽혀 인사하고 산에서 사람들이 굶고 있다고 말했다. 그녀는 농부에게 부탁했다.

"제게 밀을 좀 주세요."

"산은 여름이 짧아. 밀은 가을 추위에 견디지 못하니 대신 보리 알갱이를 줄게."

농부는 보리 알갱이를 자루에 가득 채워 여자에게 주고 말이 매여 있는 곳까지 여자를 데려다주었다. 여자는 농부에게 고맙다고 인사하고 산으로 내달렸다. 그런데 산 위 높은 파란 바위 위에 60아르신[2] 되는 꼬리를 가진 흰 늑대가 그녀를 기다리고 있었다. 벌어진 입 사이로 보이는 이빨은 날카로웠다. 두 다리는 팽팽하게 당겨진 활줄 같았다. 늑대는 바로 말로 달려들어 여자의 목을 물려고 했다. 여자는 자루를 떨어뜨렸고 보리 알갱이들은 바위에 흩어졌다. 말은 몸을 돌려 날아가는 화살보다 더 빨리 집으로 달려갔다.

아가씨는 다시 파랑새로 변해 땅으로 뛰어내려 소중한 곡식 알갱이들을 물었다. 흰 늑대가 새에게 달려들었다. 늑대는 새를 눌러 이빨로 찢으려고 했다. 그러나 날쌘 새는 늑대를 피했고 늑대의 이빨에는 깃털 하나만 물려 있었다.

늑대는 땅에 부딪혀서 대공으로 변했다. 흩어진 곡식 알갱이들을 넓은 외투 앞깃에 모아 굶주린 입에 한 줌씩 던져 넣었다.

파랑새는 사람들에게 보리 종자를 주었다. 다시 아가씨로 변한 파랑새는 러시아인들이 어떻게 땅을 갈고 씨를 뿌리는지, 화덕에서 어떻게 빵을 굽는지를 이야기해 주었다. 사람들은 계곡에 흙을 파 일구고 곡식의 씨앗을 심었다. 가을에 추수를 했다. 여자들은 빵을 만들었다. 사람들은 빵과 함께 차를 마셨다. 아주 좋았다.

---

2) 아르신: 러시아의 옛 측량 단위로, 1아르신은 약 70센티미터다.

사람들은 배고픔을 완전히 잊었다. 청년들의 얼굴에는 미소가 번졌고, 처녀들은 노래를 부르기 시작했다. 그해 가을 산에서는 결혼식이 거행되었다. 보리 낟알을 가져온 처녀에게 많은 청년들이 청혼을 했다. 모두 그녀를 칭송했다. 그녀는 사람들이 아첨하는 것에 싫증이 났다. 그래서 다시 파랑새가 되었다. 겨우내 부락을 따라 여기저기 날아다니며 노래를 불렀다. 어느 집 근처 나뭇가지에 앉아 지저귀기 시작했다. 사람들은 파랑새가 러시아인들이 어떻게 살고, 빵을 얼마나 맛있게 굽는지 이야기하는 것이라고 생각했다.

우리는 러시아인들 쪽으로 좀 더 가까이 거처를 옮기기로 결정했다. 거기서 우리는 집을 짓는 법, 가축을 먹일 건초를 베는 법, 빵 만드는 법을 배웠다. 인생이 순조롭게 잘 흘러갔다.

회색 참새

옛날 옛적 푸른 알타이에 엄청난 부자 바이바라크가 살았다. 계곡에 있는 그의 가축은 개미집 속의 개미만큼 많았다. 하인의 수가 얼마인지 모를 정도였다. 그는 인색하고 사악했다. 만일 낯선 개가 집에 와서 뼈다귀를 핥기라도 하면 그는 개를 그 자리에서 죽였다. 길 가던 사람이 말에게 먹이를 주려고 잠시 멈추기라도 하면 그를 채찍으로 때렸다. 그에게는 목동 코두를루가 있었다. 목동은 여름과 겨울에 양 떼를 쳤다. 목동은 비와 눈, 바람과 변덕스러운 하늘 아래서 늙어 갔다. 그의 단단한 뼈는 약해졌고, 눈도 침침해졌다. 두 다리를 움직일 힘도 없었다. 바이바라크는 목동의 노쇠함을 눈치채고 목동을 호화로운 집으로 불렀다.

"이제 됐어, 영감. 내 집에서 영감은 더 이상 할 일이 없어. 멀리 떠나."

"어디로 가야 한단 말입니까? 주인님의 아버님 문지방에서 제가 걷기 시작했고, 꼬마일 때부터 산에서 장작을 패 주인님의 아버님에게 가져다 드렸습니다. 주인님의 가축을 평생 돌보았습니다. 이 늙은이를 불쌍히 여기셔서 쫓아내지만 말아 주십시오. 오랫동안 짐이 되지는 않겠습니다."

"영감은 내 집에서 노닥거리는 것 말고 아무 일도 할 수 없다는 것을 알지?"

바이바라크는 소리를 질렀다. 그의 검은 눈에는 핏발이 섰고, 두꺼운 입술을 실룩거렸다.

"세상은 넓어. 가고 싶은 데로 가!"

노인은 주인집에서 나와 할머니의 손을 잡고 발걸음을 옮겼다. 그러나 어디로 가야 할 지 몰랐다. 그의 충직한 친구인 눈썹 대신 노란 반점이 있는 검은 개가 애처롭게 짖으며 노인의 발자국을 따라갔다.

노인 부부는 얼마를 걸었는지 몰랐다. 그들은 커다란 삼나무 아래 잠시 멈추었다. 삼나무 옆에는 시냇물이 흐르고 있었다. 노인과 할머니는 이곳에 천막을 짓고 살기로 했다. 그들의 충직한 개는 매일 사냥을 하러 갔다. 하루는 회색 토끼, 하루는 산 염소, 하루는 붉은 볏이 있는 닭을 가져오곤 했다. 할아버지와 할머니는 영리한 개를 더욱 사랑하게 되었다.

한 달, 두 달, 그렇게 물렛가락처럼 시간이 지나갔다. 한 해, 두 해, 그렇게 무거운 곰처럼 세월이 꾸물꾸물 흘렀다. 마침내 검은 개도 늙었다. 멀리까지 볼 수도, 짐승의 냄새를 맡을 수도 없게 되었고 다리는 무거워졌다. 노인은 탄식하기 시작했다.

'우리 세 식구는 곧 굶어 죽을 게 분명해.'

산은 봄의 색으로 갈아입었다. 숲에서 새들이 노래했다. 회색 새 한 마리가 코두클루 할아버지 집 쪽으로 날아왔다. 새는 삼나무 가지에 앉았다. 영리한 개에게 새의 노랫소리가 들렸다.

"네발 달린 사냥꾼아, 뭐가 그리 슬프니? 왜 그렇게 의기소침해 있니? 만일 네가 짐승을 잡아 오지 못하면 내가 도와줄게."

검은 개는 머리를 들어 삼나무 가지에 앉아 있는 작은 참새를 보았다.

"네가 어떻게 나를 도와줄 수 있단 말이니? 까치도 무서워하는 주제에."

"네가 잘못 아는 거야. 나는 까치를 무서워하지 않아. 네게 쉽게 사냥하는 법을 가르쳐 줄게. 네가 매복해 있으면 내가 다른 쪽에서 날아와서 숲을 일렁이게 할게. 토끼들이 놀라서 바로 네 쪽으로 뛰어갈 거야. 그러면 바로 토끼를 잡으면 돼."

검은 개는 누렇고 닳아 버린 송곳니를 보이며 미소를 지었다.

"한번 해 보자."

개는 울창한 수풀 뒤에 매복해 있었고 참새는 높은 산의 반대편에서 날아왔다. 참새가 지저귀며 날개를 세게 펄럭이자 숲이 일렁였다. 토끼들은 놀랐다. 토끼 한 마리가 검은 개가 있는 쪽으로 뛰어왔다. 검은 개는 가볍게 토끼를 잡아서 할아버지와 할머니에게 가져가고 있었다. 바로 그때 바이바라크가 새처럼 빠른 흑마를 타고 숲으로 가다가 토끼를 물고 가는 개를 보게 되었다. 그는 곰처럼 큰 목소리로 으르렁거렸다.

"누가 네게 내 짐승들을 죽여도 된다고 허락했느냐?"

그는 활을 잡고 화살을 개에게 쏘았다.

개는 비단결 같은 풀밭에 쓰러지며 말했다.

"내 친구 회색 참새야, 할아버지와 할머니를 잊지 말아줘."

회색 참새가 검은 개에게 날아왔으나 개의 눈에서는 이미 빛이 사라졌다. 참새는 분노에 떨며 말했다.

"기다려, 바이바라크. 내 친구의 원수를 갚아 줄 테니."

바이바라크는 새의 말을 이해할 수 없었다. 토끼를 들어 자신의 안장에 묶고는 집으로 갔다.

하인들은 주인이 다가오는 것을 보자 서둘러 주인을 맞이하러 나갔다. 몇몇 하인들은 주인을 팔꿈치에 앉혀서 땅에 내렸고 몇몇 하인들은 말의 안장을 벗기러 말을 데려갔다. 바이바라크는 아내에게 토끼를 보여 주기 위해 집 안으로 서둘러 들어갔다.

"내가 화살을 명중시켜 잡았어. 당신에게 줄 선물을 가져왔소."

바이바라크는 말을 아주 좋아해서 집에서 멀리 떨어진 곳으로 말을 데려가는 것을 허락하지 않았다. 말에 도취되어 말을 보곤 했다. 하인들은 말을 올가미로 묶어 시내 옆에 있는 자그마한 초원에 놔둔 채 보리를 빻고, 가죽을 비비고, 장화와 외투를 박음질하려고 가 버렸다. 어디선가 갑자기 회색 참새가 날아와 귀 사이에 앉아서 말의 머리를 쪼았다. 말은 머리를 흔들고 몸을 뒤척였으나 집요한 참새를 쫓아낼 수 없었다. 바이바라크는 자신을 날개가 달린 듯 빠른 속도로 태우고 다니고, 적으로부터 죽지 않게 지켜 준 흑마의 울음소리를 듣고 집에서 급히 뛰쳐나왔다. 바이바라크는 충동적으로 깊게 생각하지 않고 화살을 날렸다. 참새는 아무 해를 입지 않고 날아갔고 애마는 땅에 쓰러졌다. 아무 움직임이 없었다. 바이바라크는 발을 구르며 하인들에게 이 땅에 있는 참새들을 모두 잡아 죽이라고 소리치기 시작했다.

바이바라크의 아내는 남편보다 더 인색했다. 그녀는 피가 묻은 소시지를 좋아했다. 말이 죽은 것을 보자 아무 생각 없이 말의 피를 양동이에 담고 말의 창자를 얻으러 뛰어갔다. 회색 참새가 다시 와서 바이바라크의 아내 머리에 앉아

쪼기 시작했다.

"이 새가 천벌을 받으려고 하나?"

아내가 울부짖기 시작했다.

"이 새가 내 비싼 모자를 쪼아서 정수리를 뚫으려고 한다."

바이바라크는 회색 참새를 알아보고 아주 기뻐했다.

'바보 참새가 죽음을 부르는구나.'

바이바라크는 화살을 쏘았다. 화살은 공중을 가르며 쌩 하고 날아갔다. 화살은 그의 아내의 머리를 호두 껍질처럼 두 동강 냈다. 그러나 참새는 아무 해도 입지 않고 날아가 버렸다.

바이바라크는 자신의 외투를 벗어 아내의 시신을 싸서 계곡 한가운데 던지고 오열하며 땅에 쓰러졌다. 그는 말의 이름을 슬프게 계속 불렀다.

회색 참새는 다시 바이바라크의 집에 와서 바이바라크의 등에 앉아 등을 날카로운 부리로 쪼고 발톱으로 긁었다. 마치 바늘로 긁듯이 긁었다. 바이바라크는 사납게 포효하며 땅을 데굴데굴 굴렀다. 참새는 그의 등에 달라붙어 손에 잡히지 않았다. 바이바라크는 참새가 등을 거쳐 심장까지 쪼아 댈 것 같아서 두려워 하인들에게 모이라고 소리쳤다. 하인들이 뛰어와서 주인 앞에 무릎을 꿇었다.

"노란 뼈로 된 손잡이가 달린 유리 칼보다 더 날카로운 칼을 대령해라. 내가 이 악당을 죽일 거야. 이 저주 받은 새를 죽일 거야."

하인들은 주인의 명령을 실행하려 급히 나가서 유리 칼보다 더 날카로운 칼을 가져왔다. 바이바라크는 칼을 손으로 움켜쥐고 회색 참새를 향해 휘둘렀다. 그때 참새는 그의 왼쪽 옆구리로 살짝 옮겨 갔다.

"이제 내가 너를 박살 내리라!"

바이바라크는 분노에 차서 소리쳤다. 그는 눈을 번뜩이며 온 힘을 다해 칼을 휘둘렀다.

참새는 이미 높이 하늘을 날고 있었고 바이바라크는 땅에서 신음했다. 그의 몸에서 나온 검은 피가 시냇물처럼 흘렀다. 영리한 참새는 흥겹게 지저귀며 목장으로 가서 바이바라크의 양 떼를 몰아 코두를루 할아버지에게 왔다.

"자, 옛 친구가 당신에게 드리는 양들입니다."

참새는 승리를 축하하며 말했다.

"이제 푸른 알타이에 바이바라크는 없습니다. 당신이 이 양들의 주인이십니다. 양의 젖을 마시고 고기를 드세요. 양 가죽으로 할아버지와 할머니 옷을 지어서 입으세요. 부드러운 태양 아래서 오래도록 행복하게 사세요!"

코두를루 할아버지는 장승처럼 서 있었다. 무엇을 물어

야 할지, 무슨 말을 해야 할지 몰랐다. 할아버지는 정신이 들자 모든 것을 알아차리고 우렁차게 소리쳤다.

"네가 죽어 가고 있는 나를 살렸구나! 네가 꺼져 가고 있던 내 가슴속 불길을 다시 살아나게 했구나. 귀여운 참새야! 내가 너를 위해 무엇을 할 수 있을까? 이 은혜를 어떻게 갚을까? 참새야, 우리와 함께 살자. 굴뚝 옆에 둥지를 틀어라!"

회색 참새는 그렇게 했다. 참새는 할아버지와 할머니와 함께 평생을 살며 많은 새끼를 낳아 키웠다.

참새의 후손들은 지금까지 집마다 둥지를 틀고 인간과 친구처럼 살고 있다.

멋진 옷을 입게 된 다람쥐

알타이에 늙은 큰곰이 살았다. 그가 좋아하는 먹이는 삼나무 도토리였다. 그는 도토리를 딱 한 나무에서만 물어 갔다. 가지가 깨끗하고 광택이 나는 매끄러운 잎사귀를 가진 여섯 아름 굵은 나무였다. 그 나무 잎사귀 사이로는 비가 결코 새지 않았다. 멀리서 보면 마치 한 뿌리에서 나무 열 그루가 자란 것 같았다. 그 나무를 늙은 곰이 짐승들과 인간들로부터 지키고 있었다. 그 나무 곁에서 곰은 편안하게 잘살고 있었다.

그러던 어느 날 곰이 나무에 와 보니 도토리가 없었다. 곰은 주위를 어슬렁거렸다. 눈을 의심했다. 곰은 나뭇가지에 착 달라붙었다.

'오랫동안 먹지도 않았는데 왜 이렇게 무거워졌지? 너무 늙었나 봐.'

나뭇가지는 곰의 무게 때문에 휘어져서 거의 부러질 것 같았다. 곰은 나무 꼭대기로 겨우 올라가서 가지들을 모두 살펴보았지만 도토리는 없었다.

다음 해에도 곰이 나무에 왔다. 도토리는 역시 없었다. 그다음 해에도 역시 도토리는 없었다. 곰은 털이 수북한 자신의 몸을 바라보았다. 마치 불에 탄 듯 그을리고 노래져 있었다.

'에이, 마른 것 좀 봐!'

곰은 먹을 것을 찾기 위해서 숲을 이리저리 다녔다. 물살이 센 강을 건너고 바위와 윤기가 흐르는 파란 잔디밭을 걸어 다녔다. 얼마나 많은 짐승을 만났는지 모른다.

"쉿, 쉿!"

갑자기 다람쥐가 큰곰을 보고 놀라 소리쳤다. 곰이 일어났다. 앞발을 들어 발걸음을 떼려고 하다가 멈췄다.

'내가 왜 그걸 잊고 있었지? 다람쥐는 아주 성실한 가장이야. 다람쥐는 항상 3년 먹을 것을 미리 장만해. 두고 봐, 두고 봐! 다람쥐 굴을 파 봐야 돼. 굴 안의 저장고가 비어 있는 적은 없거든.'

그리고 곰은 냄새를 맡으며 갔다. 곰은 마침내 찾았다. 늙은 곰에게는 단단한 땅을 파는 일이 쉽지는 않았다. 뿌리를 이빨로 갉으려고 했지만 어려웠다. 발로 뽑으려고 했지만 힘이 모자랐다. 곰은 있는 힘을 다해 뿌리를 들어 올렸다. 하나! 소나무가 쓰러졌다. 둘! 자작나무가 나뒹굴었다. 다람쥐는 큰 소음을 듣고 정신을 잃었다. 다람쥐는 비명 소리가 나오려고 하자 앞발로 입을 꽉 막았다. 눈물이 샘처럼 콸콸 흘렀다.

'저렇게 큰 곰 앞에서 소리 지르는 것이 무슨 의미가 있겠어? 입아, 가만히 있어라!'

다람쥐는 굴 바닥에 구멍을 파서 그 안에 몸을 숨겼다. 곰은 마침내 뿌리를 다 갉아서 발을 집어넣었다. 도토리가 하나 있었다.

'그것 봐. 내가 말했잖아. 다람쥐는 항상 먹을 것을 미리 준비해 둔다고.'

곰의 얼굴이 환하게 밝아졌다. 기쁨의 눈물이 흘렀다. 발을 더 디밀자 도토리가 더 많았다. 곰은 무척 기뻤다.

'아이고, 난 더 살 수 있어. 분명해! 이 사랑스러운 다람쥐에게 어떻게 감사를 표해야 하지? 어떻게 보답을 해야 하지?'

곰의 굶주렸던 위는 꽉 찼다. 곰의 지쳤던 몸은 가뿐해졌다. 털은 금빛으로 빛났다. 곰은 주위를 둘러보았으나 다람쥐에게 선물할 게 아무것도 없었다.

'남의 음식을 먹고 고맙다는 인사를 하지 않으면 그건 수치야. 그런데 다람쥐는 도대체 어디에 있는 거야?'

주변을 살펴보았지만 다람쥐는 없었다. 곰은 굴 안을 들여다보았다. 굴 안에 구멍이 보였고 다람쥐의 꼬리 끝부분이 보였다.

"에이! 주인님이 여기 계시네. 고마워요! 부디 당신의 창고가 비어 있지 않기를 빌어요. 당신은 아주 좋으신 분이세요. 항상 행복하세요. 당신과 진심 어린 악수를 하고 싶습니다!"

곰은 자신의 오른발을 내밀었다. 그러나 다람쥐는 곰의 말을 이해하지 못했다. 다람쥐는 곰의 시커먼 발을 보고는 기겁해서 소리를 질렀다.

"쉭, 쉭!"

곰은 왼발로 다람쥐를 잡았다.

"고마워요, 작은 양반. 굶주린 저를 당신이 살렸어요. 지친 제게 휴식을 주었어요."

다람쥐는 곰이 하는 말을 도무지 알아들을 수 없었다. 곰의 말을 평생 배워 본 적이 없었다. 다람쥐는 곰에게서 벗어나 달아나고 싶어서 곰의 발바닥을 여린 발톱으로 긁었으나 곰은 끄떡도 하지 않았다.

"당신은 어디서 자랐어요? 내 말을 이해하지 못하세요? 고맙다고요! 몇 번을 말해도 답변을 하지 않는군요. 미소라도 지어 보세요. 고맙습니다. 고맙다니까요!"

곰은 잠자코 있었다. 그러자 다람쥐는 생각에 잠겼다.

'곰이 말하는 것을 그쳤다. 이제 나를 잡아먹으려나 보다.'

다람쥐는 있는 힘껏 몸을 웅크렸다.

"에이, 내 말을 이해하지 못하는 거예요?"

곰은 오른발을 들어 다람쥐의 머리부터 꼬리까지 쓰다듬었다. 곰의 다섯 개 검은 발톱으로 인해 다람쥐의 등에 다섯 개의 검붉은 줄이 생겼다. 이때부터 다람쥐의 후손들은 곰의 선물인 멋진 외투를 걸치게 되었다.

무서운 손님

한번은 오소리가 사냥을 나갔다가 돌아왔다. 하늘 한편이 밝아졌고 오소리는 굴 쪽으로 서둘러 갔다. 오소리는 사람들에게 보이지 않게, 개들을 피해서 풀이 높이 자란 곳으로 좀 더 어두운 곳을 따라 갔다. 오소리는 마침내 굴에 다다랐다.

"부륵, 부륵…"

갑자기 알지 못할 이상한 소리가 들렸다.

오소리는 잠이 달아났고 머리털이 곤두섰다. 심장이 두근거렸다.

"저렇게 큰 소리는 생전 처음이야. 빨리 가서 발톱 달린 짐승들을 불러 모아야겠다. 나 혼자 죽을 수는 없지."

오소리는 알타이에 있는 모든 발톱 달린 짐승을 불러 모았다.

"내 굴 안에 무서운 손님이 있어! 누가 나와 함께 들어갈 용기가 있니?"

짐승들이 모였다. 짐승들은 귀를 땅에 댔다. 정말이지 그 큰 소리 때문에 땅이 울렸다.

"부륵, 부륵…"

짐승들의 털이 곤두섰다. 살쾡이가 말했다.

"이봐, 오소리야. 네 집이잖아. 네가 먼저 들어가 봐."

오소리가 주위를 살폈다. 큰 맹수들이 그에게 명령했다.

"가 봐, 가 봐! 왜 그러고 있어?"

맹수들은 그렇게 말하고는 두려움으로 꼬리를 웅크렸다.

오소리는 앞문으로 들어가기가 무서웠다. 그래서 뒤로 살금살금 들어가기로 했다. 돌바닥을 긁는 것은 힘들었다. 오소리의 발톱은 다 문드러졌다. 오소리는 자신이 태어난 굴을 허무는 것이 슬펐다. 마침내 오소리는 자신의 침실까지 파고 들어갔다. 폭신한 이끼가 만져졌다. 거기 무언가 하얀 것이 보였다.

"부륵, 부륵…"

앞발을 가슴에 얹은 채 흰 토끼가 크게 코를 골고 있는 것이 아닌가!

짐승들은 웃느라고 제대로 서 있지도 못했다. 짐승들은 데굴데굴 땅을 굴렀다.

"토끼라니! 그게 토끼라니! 오소리가 토끼를 겁내다니! 오소리야, 너 창피해서 어떡할래?"

오소리는 생각했다.

'왜 내가 모든 알타이에 대고 소리를 질렀을까?'

오소리는 화가 나서 토끼를 발로 찼다.

"당장 여기서 나가! 누가 너더러 여기에서 코를 골고 자라고 했어?"

토끼가 잠에서 깨 주위를 보았다. 늑대, 여우, 들고양이가 모여 있었다. 토끼의 눈이 휘둥그레졌다. 마치 물살이 센 강 위의 버드나무처럼 몸이 덜덜 떨렸다. 말이 제대로 나오지도 않았다.

"될 대로 돼라!"

가엾은 토끼는 땅에 납작 붙었다가 오소리의 이마로 뛰어올랐다! 마치 언덕을 뛰어오르는 것처럼.

흰 토끼의 배 때문에 오소리의 이마가 하얘졌다. 흰 토끼의 뒷발 때문에 오소리의 뺨을 따라 흰 자국이 났다.

짐승들의 웃음소리가 더 낭랑하게 울려 퍼졌다.

'그들은 뭐가 저리 기쁠까?'

오소리는 도저히 이해할 수 없었다.

"어이, 오소리야. 이마와 뺨을 한번 봐! 얼마나 예뻐졌는지!"

오소리는 얼굴을 문질렀다. 흰 털이 발톱에 걸려 나왔다. 그것을 본 오소리는 하소연하러 곰에게 갔다.

"곰 할아버지! 저는 집에 없었고 손님을 부르지도 않았습니다. 그런데 빈집에서 코 고는 소리가 나는 것을 듣고 놀랐습니다. 그 소리 때문에 많은 짐승도 놀랐습니다. 저는 제

집을 허물었습니다. 그런데 보시다시피 제 머리와 턱이 하얘지고 말았습니다. 그런데 저를 이렇게 만든 놈은 뒤도 보지 않고 달아나 버렸습니다. 이 일을 심판해 주십시오."

곰이 오소리를 보았다. 다시 좀 멀리 떨어져서 바라보았다.

"너는 뭐가 불만이니? 네 얼굴은 예전에는 흙처럼 검었어. 그러나 이제 네 얼굴에 난 흰색을 사람들조차도 부러워할 거야. 내가 그때 그 자리에 있지 못해서 토끼가 내 얼굴을 희게 만들지 않은 것이 원통해. 그게 애석해. 정말이지 그게 애석할 따름이야!"

곰은 비통하게 한숨을 쉬며 자신의 따뜻하고 메마른 굴로 터벅터벅 들어갔다. 그렇게 오소리는 이마와 뺨에 흰 줄을 가진 채 살게 되었다. 오소리는 나중에 그 자국에 익숙해져서 자주 자랑스럽게 말하곤 했다.

"토끼가 얼마나 나를 위해 애썼나 보라고! 우리는 이제 영원한 친구가 되었어."

인색한 개구리

옛날에 개구리가 한 마리가 있었다. 개구리는 작고 둥근 호수 옆에 살았다. 하루는 집에서 나와 호숫가를 팔짝팔짝 뛰어 숲을 들여다보다가 그만 집으로 가는 길을 잃었다. 개구리는 여기저기 기웃거리다가 개미 떼를 만났다. 수십 마리 개미가 등에 올라타고, 수백 마리 개미가 배에 달라붙었다. 개구리는 울기 시작했다.

"길 잃은 자를 놀리고 배고픈 자를 무는 것이 창피하지 않니?"

개미들은 양심적이었다. 개미들은 땅으로 뛰어 내려와서 개구리에게 머리를 조아렸다.

"존경하는 개구리님! 부디 우리 집에 손님으로 와 주세요. 우리 음식으로 배를 채우시고 우리 음료로 입을 축이세요."

개구리는 개미집으로 가서 윗자리에 앉았다. 음식을 먹고 차를 마시고 이야기를 나누었다. 무슨 이야기를 나누었는지 기억이 나지 않았다. 꿀을 너무 많이 먹어 앉은 자리에서 잠이 들었다.

개구리가 잠에서 깨었을 때 해는 이미 중천에 있었다. 개미들은 이미 오래전에 일터로 갔다. 딱 한 마리 개미만이 남아서 지난밤에 사용했던 찻잔과 숟가락을 치우고 있었다. 개구리가 부탁했다.

"나무에 기어 올라가서 어느 쪽에 내 집과 호수가 보이는지 주위를 살펴봐 주세요."

개미는 나무에 기어 올라가 사방을 둘러본 후 말했다.

"바로 저기 서쪽에 당신이 사는 호수가 반짝거려요. 원한다면 가장 빠른 길로 당신을 데려다줄게요."

"착하기도 하셔라! 갑시다. 빨리 갑시다. 집에 도착하면 잘 대접해 드릴게요."

"길을 안내해 드릴 수는 있지만 대접을 받을 수는 없어요. 우리 개미들은 일할 때나 쉴 때나 항상 같이한답니다."

"알았어요. 알았어요. 모두 우리 집에 손님으로 오게 할게요. 단 어둡기 전에 집에 도착해야만 해요."

개미는 나무에서 내려와 호수로 뛰어갔다. 개구리는 개미 뒤를 따라 폴짝폴짝 뛰었다. 개구리 뒤를 따라 개미들이 시냇물처럼 줄지어 갔다. 이 개미집, 그리고 옆 개미집, 또 멀리 있는 개미집에 얼마나 개미가 많았는지 모른다. 온 숲에서 개미들이 개구리 손님으로 가기 위해 다 모였다. 마침내 호수에 도착했다. 개구리가 뒤를 돌아보았다. 호숫가가 온통 까맸다. 얼마나 개미가 많은지 풀이 하나도 보이지 않았다. 개구리의 눈이 튀어나왔다.

'이제 어떡하지? 내가 다 불러 모았으니…'

개구리가 말했다.

"너무 기뻐요! 여기 호숫가에서 기다리세요. 대접할 음식을 장만하는 동안."

그리고 개구리는 물속으로 풍덩 들어갔다.

개미들은 서서 하루, 이틀을 기다렸지만 개구리는 나타나지 않았다. 마침내 이레째 되는 날 여왕개미는 화가 났다.

"개구리가 차려 주는 음식을 기다리다가 굶어 죽겠다."

여왕개미는 허기진 배의 허리띠를 더 단단히 졸라매고 집으로 갔다. 모든 개미가 전부 허리띠를 졸라매고 개미집으로 뿔뿔이 흩어졌다.

그때부터 개미들은 허리띠를 단단히 졸라맨 채 다니게 되었다. 그리고 개구리의 눈은 튀어나오게 되었다.

박쥐가 밤에만 나는 이유

지금 박쥐는 밤에만 날아다닌다. 그런데 옛날에는 낮에도 날았다.

하루는 박쥐가 날고 있는데 맞은편에서 회색 매가 날아왔다. 매가 말했다.

"너를 3년 동안 찾아다녔어."

"왜 저를 찾아다녔어요?"

"모든 새가 독수리에게 세금을 바치는데, 너만 아직 내지 않았어."

"저 말씀이세요?! 보시다시피 제가 무슨 새예요?"

박쥐는 아래로 내려와서 이를 보이며 웃고는 달아났다. 매는 생각했다.

'정말 짐승인가 보다.'

박쥐는 작은 숲이 있는 언덕까지 도망쳤다. 그런데 갑자기 나무 뒤에서 회색 여우가 나타났다.

"어떻게 지내시나? 너를 7년째 찾아다녔어."

"왜 저를 찾으시는데요?"

"모든 짐승이 곰에게 세금을 냈는데, 너만 아직 내지 않았어."

"제가요? 제가 짐승으로 보이세요?"

박쥐는 날개를 펴고 날아가 버렸다.

그때부터 박쥐는 여우와 만나는 것이 무서워서 절대로 뛰지 않게 되었다. 공포로 다리가 굳어 버렸기 때문이다. 그리고 매를 만나게 될까 봐 역시 낮에는 날지 않았다.

그렇게 박쥐는 짐승이 되는 것을 거부하고 새에 속하는 것도 마다한 채 어둠 속에서 살게 되었다.

공작새의 아내

새들은 공작새를 왕으로 뽑았다. 공작새는 자신의 빛나는 꼬리를 넓게 폈다. 머리에는 황금 볏이 있었다. 진정한 왕이었다. 새들은 왕의 아내를 찾기 시작했다. 공작새는 닭도, 꿩도, 파랑새도 전부 거절했다. 파랑새는 너무 작고, 닭은 잘 날지 못하고, 꿩은 너무 말랐고, 뻐꾸기는 슬프게 울어서 싫었다. 그는 오직 까치만 마음에 들었다. 까치는 명랑했다.

결혼 후 공작은 가슴에서 암녹색 깃털을 뽑아 까치의 등과 꼬리에 꽂아 주었다. 까치는 우쭐대기 시작했다. 아무 일도 하지 않고 깃털을 손질할 뿐이었다. 까치는 깃털을 흔들며 날아다녔다. 아침에 날이 밝자마자 둥지를 나가서 밤까지 돌아오지 않았다.

공작이 까치에게 물었다.

"어디를 그렇게 바삐 다녀?"

"가고 싶은 곳에."

"어디에 있었는데?"

"가고 싶었던 곳에."

공작은 화가 났다. 공작은 아직 날이 밝기 전에 까치가 잠자고 있을 때 조용히 둥지를 나와 아까시나무 뒤에 숨었다. 아침에 까치는 자신을 휘감고 있는 검은 비단 외투를 펄럭이며 날아갔다. 흰 가장자리 장식이 반짝였다. 공작이 그 뒤를 따라갔다. 그들은 사람이 사는 집까지 날아왔다. 까치는 그 집에 있는, 구정물을 담아 두는 통으로 내려가서 먹다가 남아서 버린 음식을 쪼아 먹기 시작했다.

공작이 소리쳤다.

“창피하지도 않아?! 당장 집으로 가자!”

까치는 뒤돌아보지도 않고 먹다 남은 음식을 계속 쪼고 또 쪼았다.

공작은 까치에게 다가가서 머리로 그녀의 부리를 때렸다. 그리고 말했다.

“너는 이제 더 이상 내 아내가 아니다!”

그때부터 까치는 음식을 쪼아 먹을 때는 항상 머리를 돌린다. 그리고 어린 까치들에게 이렇게 가르친다.

“한번 먹이를 쫀 후에는 혹시 공작이 날아와서 머리를 치지는 않나 다섯 번 돌아보아라.”

어린 까치들은 그 말을 명심해 한 번 쪼아 먹고 나서 꼭 돌아본다. 한 번 쪼고 나서 반드시 주위를 둘러본다.

사르탁파이

알타이 이냐 강변에 사르탁파이가 살았다. 땋아 내린 그의 머리는 땅에 닿았다. 눈썹은 마치 나무 덤불같이 무성했다. 근육은 마치 자작나무에 붙은 옹이처럼 울퉁불퉁 불거져 있었다. 새 한 마리도 사르탁파이의 머리 위를 무사히 지나가지 못했다. 그는 한 치의 실수도 없이 활을 잘 쏘았다. 사르탁파이는 멀리 뛰어다니는 짐승을 정확히 맞추었다. 그가 말의 안장 옆에 차고 다니는 자루는 비는 적이 없었다. 기름진 들짐승들이 항상 안장에 달려 있었다.

사르탁파이의 아들 아두치 메르겐은 멀리서 들려오는 말발굽 소리를 듣고 말을 부리기 위해 아버지를 맞으러 뛰어나갔다. 며느리 오이모크는 시아버지를 위해 열여덟 가지 들짐승 요리를 만들었고 우유로 열 가지 음료를 만들었다.

칭송을 한몸에 받는 사르탁파이지만 행복하지도 기쁘지도 않았다. 그는 낮이나 밤이나 돌들로 인해 꽉 눌린 알타이의 강들의 울음소리를 들었다. 강들은 돌에서 돌로 휘감기며 파편으로 나누어졌다. 산에 부딪히면서 시냇물로 부서졌다. 사르탁파이는 알타이 강들의 눈물을 보는 데 지쳤다. 그들의 계속되는 신음 소리를 듣는 데 지쳤다. 그래서 그는 북빙양으로 연결되는 길을 알타이 강에게 열어 줄 방안을 생각했다. 사르탁파이는 아들을 불렀다.

"얘야, 나는 동쪽으로 갈 테니 너는 남쪽으로 가거라."

아두치는 벨루하산으로 갔다. 만년설로 덮여 있는 곳으로 올라가서 카툰강을 위한 길을 찾기 시작했다. 용사 사르탁파이는 동쪽으로, 율루 콜 호수로 갔다. 그는 오른쪽 집게손가락으로 율루 콜 호숫가를 만졌다. 그의 손가락을 따라 출루시만강이 흘러갔다. 시내와 하천들, 지하수, 샘들이 흥겨운 소리를 내면서 이 강으로 흘러들었다. 그러나 흥겨운 소리 사이로 사르탁파이는 코시 아가치 산에서 울음소리를 들었다. 그는 왼손을 내밀었다. 그는 바시카우스강을 위한 고랑을 왼쪽 집게손가락으로 산을 따라 만들었다. 그러자 강들이 웃기 시작했고 사르탁파이도 강들과 함께 웃기 시작했다.

"알고 보니 나는 왼손으로도 일할 수 있네. 하지만 이런 일을 왼손으로 하면 안 돼."

사르탁파이는 바시카우스강을 콕 바시 구릉으로 돌려 출루시만강으로 흘러가게 했다. 그리고 오른손으로 모든 강물을 아래로, 아르티바시 골짜기로 보냈다. 그리고 여기서 사르탁파이는 멈추었다.

"도대체 아두치는 어디에 있는 거야? 왜 나를 맞이하러 오지 않는 거야? 검은 딱따구리야, 아두치 메르겐이 무엇을 하고 있는지 가서 보고 오너라."

검은 딱따구리는 벨루하산으로 날아갔다. 벨루하에서 카툰강은 서쪽으로 흘렀다. 딱따구리는 강을 따라갔다. 그는 우스트 콕사에서 아두치를 따라잡았다. 거기서 카툰강은 멀리 서쪽으로 흘렀다.

"아두치 메르겐, 여기서 뭐 하세요? 아버지가 아르티바시에서 벌써 반나절을 기다리고 계세요."

아들은 즉시 카툰 강을 북동쪽으로 돌렸다.

딱따구리는 서둘러서 사르탁파이에게로 갔다.

"전능하신 용사님, 당신의 아드님이 실수했어요. 강을 서쪽으로 흐르게 해야 하는데 동쪽으로 돌렸어요. 사흘 후 이리로 올 거예요."

사르탁파이가 말했다.

"고귀한 딱따구리야, 너는 내 부탁을 잘 들어주었어. 그 답례로 항상 배가 부를 수 있는 방법을 가르쳐 주마. 너는 땅에서 지렁이를 찾지 마라. 누에를 찾으러 나뭇가지를 이리저리 기어오르지도 말아라. 대신 발톱으로 나무줄기를 꽉 잡고, 부리로 나무껍질을 쪼며 이렇게 외쳐라. '카라티 칸의 아들 결혼식이 거행된대요. 노란 비단 외투를 입고 검은 해달 모자를 쓰시오. 서두르시오, 서두르시오! 카라티 칸이 당신들을 결혼식에 불러요!' 그러면 지렁이들, 애벌레들, 누에들이 나무껍질에서 밖으로 다 기어 나올 거다."

이렇게 그때부터 지금까지 딱따구리는 사르탁파이 노인이 가르쳐 준 대로 먹이를 찾고 있다.

사르탁파이는 아들을 기다리면서 사흘 동안 집게손가락을 아르티바슈 골짜기에서 꼭 쥐고 있었다. 그러는 동안 손가락 밑으로 텔레츠코예 호수가 흘렀다. 마침내 아들이 여기로 카툰 강을 데리고 왔다. 아버지는 텔레츠코예 호수로부터 오브 쪽으로 비야강을 돌렸다. 아두치는 카툰을 데리고 달렸다. 그는 힘이 센 아버지에게 한 걸음도 뒤처지지 않았다. 순간 비야강과 카툰강은 하나로 합쳐져서 넓은 오브강으로 흘러들었다. 그리고 이 강은 알타이의 강물들을 먼 북빙양으로 흐르게 했다.

아두치 메르겐은 자랑스럽고 행복한 모습으로 서 있었다. 사르탁파이가 아들에게 말했다.

"아들아, 너는 재빨리 카툰을 가져왔다. 그런데 나는 과연 네가 사람들을 위해 가져온 것이 잘한 것인지, 유용한 것인지를 보고 싶구나."

그리고 사르탁파이는 오브강에서 위로 카툰을 따라갔다. 아두치 메르겐은 뒤에서 걸어갔다. 그의 무릎은 두려움으로 펴지지 않았다. 마침내 아버지는 체말강을 건너서 소곤두 투우 산으로 다가갔다. 아버지의 얼굴은 어두워졌다. 두 눈썹은 완전히 눈을 가렸다.

“아이고, 이게 웬 수치란 말이냐. 이게 웬 창피란 말이냐! 아두치 메르겐! 어째서 너는 카툰을 여기서 돌아가게 만들었느냐? 사람들은 너에게 고맙다고 말하지 않을 거다. 아들아, 너는 일을 망쳤다.”

“아버지, 저는 소곤두 투우를 쪼갤 수 없어요. 심지어 그 산의 능선을 따라 길을 만드는 것도 힘에 부쳤어요.”

그러자 사르탁파이는 어깨에서 철로 된 활을 떼어 내 줄을 당겨서 구리로 만든 세 개의 촉이 달린 화살을 쏘았다. 소곤두 투우는 둘로 쪼개졌다. 한 조각은 체말강 밑으로 떨어졌고 그 위에 바로 소나무 숲이 자랐다. 다른 조각은 그때부터 카툰 위에 서 있다. 그때부터 사람들은 화살이 지나간 자리처럼 일직선의 똑바른 길을 내 준 사르탁파이를 칭찬하기 시작했다.

아버지와 아들은 카툰을 따라 위로 계속해서 걸었다. 사르탁파이는 강물이 강가를 침범하는 것을 보았다. 강물이 너무 세차게 흘렀다.

“어떻게 하면 사람들이 이쪽 강가에서 다른 강가로 다닐 수 있을까? 아들아!”

초바강의 하구에서 사르탁파이는 바위에 앉아 아주 골똘

히 생각에 잠겼다. 그가 말했다.

"아들아, 여기야. 바로 여기가 강의 중류야. 여기에 큰 다리를 만들어야 해."

젊은 아두치 메르겐은 아무 대답도 하지 않았다. 그는 아주 피곤했다. 서서 몸을 이리로 기울였다가 저리로 기울였다가 했다. 사르탁파이가 아들에게 말했다.

"아들아, 가서 좀 쉬어라. 다만 잠을 자지는 마라. 네 아내 오이모크로 하여금 내가 하는 일에 대한 존경심으로 절대 잠을 자지 못하게 해라."

"아버지는 어떻게 밤새도록 한잠도 주무시지 않으세요?"

"위대한 일을 할 때는 잠이 오지 않는단다."

사르탁파이는 돌멩이들을 모아서 외투 자락에 넣었다. 하루 종일 쉬지 않고 모았다. 어두워졌는데도 사르탁파이는 쉬려고 하지 않았다.

바람이 마을을 삼켰다. 하늘에는 검은 먹구름이 자욱했다. 먹구름은 서로를 향해서 무섭게 흘러갔다. 작은 먹구름이 큰 먹구름을 덮치자 아주 세게 번개가 쳤다. 사르탁파이는 손을 들어 번개를 잡아서 갈라진 전나무 기둥에 박았다. 손에 잡힌 번개가 번쩍이자 사르탁파이는 다리를 세우기 시작했다. 그는 돌 하나를 다른 돌에 얹었다. 돌들은 서로 단단히 붙었다. 강가까지 연결하는 데 15사젠도 남지 않았다.

그런데 다리가 무너졌다. 사르탁파이는 곰처럼 고래고래 소리를 지르며 외투 자락에서 돌들을 다 던졌다. 돌들은 굉음을 내며 초바강 하구로부터 에디간강 하구까지를 흔들어 깨웠다.

무서운 굉음에 아두치와 며느리 오이모크도 눈을 떴다. 그들은 사르탁파이의 노여움이 두려워서 회색 거위로 변해 추이 강을 따라 높이 날아갔다. 사르탁파이는 그들을 뒤따라가서 100푸트[3] 되는 돌을 던졌다. 그 돌은 쿠란 초원 아래 떨어졌고 지금까지 거기에 놓여 있다.

아들 아두치와 며느리 오이모크는 영원히 거위로 남게 되었다.

외롭고 비참해진 사르탁파이는 자신의 말을 타고 이냐 강으로 돌아왔다. 그가 태어난 집은 이미 오래전에 부서졌다. 사르탁파이는 말의 안장을 벗기고 그 밑에 까는 100푸트 무게의 천을 빨리 마르라고 큰 돌 위에 던지고 돌을 해가 있는 쪽으로 돌려놓았다. 그리고 옆에 앉아서 죽었다.

번개의 주인이자 창조자인 사르탁파이에 관한 노래는 이렇게 끝난다.

---

3) 푸트: 러시아의 옛 측량 단위로, 1푸트는 약 16킬로그램이다.

오누이

옛날 옛적 알타이에 오누이가 살았다. 오빠의 이름은 바라보시 아루였고, 여동생의 이름은 보롤도이 메르겐이었다. 그들은 인적이 없는 숲에 단둘이 살았다. 하루는 오빠가 사냥을 나가면서 누이동생에게 말했다.

"내가 없는 동안 사슴의 간을 굽지 말고, 흑담비 이불을 깔지 마라. 그리고 나무가 많은 산에 가지 말고."

이레가 지났다. 아직 오빠는 돌아오지 않았다. 또 이레가 지났다. 오빠는 역시 오지 않았다. 보롤도이 메르겐은 아무도 없는 숲속에서 혼자 심심했다. 그녀는 생각했다.

'내가 만일 사슴의 간을 굽는다면 어떻게 될까?'

보롤도이 메르겐은 간 조각을 막대기에 꽂아서 모닥불 가까이에 놓아두고 흑담비 이불 위에 앉았다. 그러고는 잠이 들어 버렸다. 멀리인지 가까인지 꿈속인지 알 수 없었다. 어쨌든 잠에서 깨어 보니 간에서 거품이 나오고 있었다. 거품이 모닥불을 덮어 버렸다. 그녀는 놀랐다.

'이제 어디에서 불을 가져오지? 불씨를 오빠가 가지고 떠났는데.'

그녀는 사람들을 찾으러, 사람들에게서 불을 구하기 위

해 산으로 달려갔다. 높은 산 정상에서 보롤도이 메르겐은 파란 하늘에 피어오르는 말의 갈기같이 가느다란 하얀 연기를 보았다. 그녀는 연기가 나는 곳으로 갔다. 갈대로 덮인 작은 집이 하나 나타났다. 보롤도이 메르겐은 문을 밀고 들어갔다. 그러고는 무서워 죽을 뻔했다. 집 안에는 노파가 누워 있었다. 노파는 한쪽 귀를 밑에 깔고, 다른 쪽 귀는 이불처럼 몸을 덮고 있었다. 보롤도이 메르겐은 문지방을 넘을 수도 없었고, 다시 뒤돌아 달아날 힘도 없었다.

귀가 늘어진 노파가 달콤한 목소리로 말했다.

"꼬마야, 이리 오렴. 내가 머리를 땋아 줄 테니."

예의가 바른 보롤도이 메르겐은 노파의 말을 거절할 수 없었다. 그녀는 노파에게 다가가서 머리를 디밀었다.

"할머니, 모닥불에서 불씨를 좀 얻을 수 있을까요?"

할머니는 허락했다. 보롤도이 메르겐은 기뻤다. 그녀는 집으로 돌아와서 불을 피웠다. 노란 연기가 하늘까지 피어올랐다.

'다시 산으로 가서 마늘과 파를 좀 가져와야겠다.'

보롤도이 메르겐이 문을 열고 나가려 하자 누군가 그녀를 잡고 놓아주지 않는 것 같았다. 보롤도이 메르겐은 돌아보았다. 아주 투명한 가느다란 실이 그녀의 옷자락에 달려 있었다. 그녀는 허리춤에서 칼을 꺼내 실을 끊고 파란 바위로 뛰어갔다.

"바위야, 열려라! 내 목숨을 구해 줘!"

바위가 열렸다. 소녀는 바위 속으로 들어갔다. 한편 노파는 손가락으로 실을 감으며 구릉을 따라, 강을 건너 숲속으로 걸어왔다. 나무와 뱀이 있는 곳은 기어오르지 못하고 비집고 기어서 통과했다. 노파는 사람을 잡아먹는 괴물이었다. 노파는 갑자기 보롤도이 메르겐이 먹고 싶어졌다. 그래서 그녀가 사는 집으로 왔다. 집에는 아무도 없었다.

노파는 노래하기 시작했다.

"솥아, 솥아, 보롤도이 메르겐이 어디에 있니?"

"아이고, 보롤도이 메르겐이 살아 있다면 내가 여기 추운 데서 먼지투성이로 있겠어?"

노파는 모닥불에게로 갔다.

"불아, 불아, 보롤도이 메르겐이 어디에 있니?"

"아이고, 보롤도이 메르겐이 살아 있다면 내가 하얀 재로 덮여 있겠어!"

노파는 침대로 갔다.

"침대야, 침대야, 보롤도이 메르겐이 어디에 있니?"

"아, 우리 착한 보롤도이 메르겐은 죽었어."

노파는 침대 밑으로 기어 들어갔다. 거기에는 반들반들해진 막대기들이 아무렇게나 널려 있었다. 보롤도이 메르겐은 이 막대기로 짐승 가죽과 말가죽을 두드리고 문댔다.

"막대기야, 막대기야, 보롤도이 메르겐이 어디에 있니?"

"그녀는 살아 있어. 살아 있어. 살아 있어! 그녀는 이리로 와서 우리를 또 두드릴 거야. 할머니, 파란 바위로 가 봐."

할머니는 파란 바위로 왔다. 오른쪽 무릎을 구부리고 왼쪽 머리 다발을 쓰다듬었다.

"바위야, 바위야, 보롤도이 메르겐을 내 다오!"

바로 그때 바라보시 아루가 사냥에서 돌아왔다. 노파는 그를 보자마자 쥐로 변했다. 그러나 쥐에게 달려 있는 귀가 너무 커서 누구든지 사람을 잡아먹는 괴물임을 알아차릴 수 있었다. 노파는 말로 변했다. 역시 귀가 문제였다. 그러자 노파는 토끼로 변해서 숲으로 도망갔다. 바라보시 아루는 토끼를 뒤쫓기 위해 회색 개 두 마리를 풀어놓았다. 모든 토끼는 개를 피해서 바로 바라보시 아루에게로 달려왔다. 가장 큰 토끼 한 마리만 산으로 달아났다.

바라보시 아루는 구리로 만든 일곱 촉이 달린 화살을 날렸다. 노파는 인간의 비명도, 짐승의 비명도 아닌 소리를 내며 배를 위로 한 채 넘어졌다. 둥근 상처를 통해 괴물이 삼켰던 사람들이 밖으로 나왔다. 사람들은 화를 내며 바라보시 아루에게 몰려갔다. 사람들은 갈까마귀 떼처럼 악을 썼다.

"누가 네게 우리를 구하라고 했어? 왜 노파를 죽였어? 노파 뱃속에서 나빴을 것 같아? 우리는 노파의 뱃속에서 해는 보지 못했지만 대신 비로 인해 몸이 젖지는 않았어. 꽃의 향기를 맡을 수는 없었지만 대신 겨울을 모르고 지낼 수 있었어. 우리는 자유를 원하지 않아. 우리를 다시 노파의 뱃속에 넣어 줘!"

그러나 노파의 뱃속에서는 또 다른 사람들도 나왔다. 그들은 웃으며 바라보시 아루에게 입을 맞추었다.

"햇빛을 알지 못했던 우리에게 당신이 햇빛을 주었어요! 달을 보지 못했던 우리에게 달을 선사했어요. 바라보시 아루, 부디 하얀 토끼처럼 기름진 양처럼 되세요! 백 년 동안 사세요, 아주 민첩한 말을 가지세요!"

그들의 이 말이 불평을 늘어놓던 사람들의 말을 덮어 버렸다. 사람들이 집을 짓기 위해 풀이 울창한 초원을 헤맬 때 바라보시 아루는 누이동생을 발견했다. 오빠는 너무 기뻐서 무슨 말을 해야 할지 몰랐다. 그는 손바닥으로 여동생의 뺨을 문지르며 조용히 말했다.

"울지 마, 동생아!"

토르코 차차크

옛날 옛적에 한 여자아이가 살았다. 그 아이의 이름은 토르코 차차크였다. 그녀의 눈은 버찌처럼 검었고 두 눈썹은 쌍무지개 같았다. 하루는 나이 든 아버지가 병이 났다. 그러자 어머니가 말했다.

"토르코 차차크야, 가서 현명한 무당을 불러오너라. 서둘러라. 나의 아기 토르코 차차크야!"

토르코 차차크는 말을 타고 길을 떠났다. 무당은 하얀 자작나무 집에 살았다. 그의 집은 물살이 빠른 강 위에 있었다.

무당은 문지방에 앉아서 자작나무 가지를 자르고 있었다. 그의 눈썹은 이끼 같았다. 눈 밑에서부터 자라기 시작한 구레나룻이 땅까지 닿았다. 그는 멀리서 토르코 차차크가 오는 것을 보았다. 할미새 꼬리처럼 말이 머리를 치켜들었다. 말방울 소리가 낭랑하게 울렸다. 모자를 쓴 토르코 차차크는 달빛처럼 빛났다.

무당은 오른손에 든 칼을 떨어뜨렸다. 그래서 발에 상처가 나서 피가 났다. 왼손으로 자작나무 가지를 모닥불에 넣었다. 토르코 차차크는 세 번 반복해서 말했다.

"아저씨, 제 아버지가 아파요. 우리를 도와주세요!"

토르코 차차크가 여덟 번을 계속해서 이렇게 부탁하자 무당은 방금 잠에서 깬 것처럼 느리게 하품을 했다.

"내일 아침 일찍 가마."

그들이 미처 방바닥에 이불을 깔 겨를도 없이, 술을 만들 누룩을 발효시킬 겨를도 없이 이미 무당의 겉옷에 달린 수많은 방울과 가죽으로 만든 북이 장엄한 소리를 내기 시작했다.

무당은 밤새 걸어 날이 밝기 전에 이미 토르코 차차크의 집에 도착했다. 무당은 눈을 감은 채 아무 말도 하지 않고 말에서 내려 집 안으로 들어갔다. 사람들이 그의 무거운 겉옷을 들고 갔다. 큰 북을 못에 걸고 그 아래 향기가 나는 노간주나무 모닥불을 피웠다. 무당은 아침부터 저녁까지 하루 종일 아무 말도 하지 않고 음식도 거절한 채 눈을 감고 앉아 있었다. 늦은 밤 그는 자신의 붉은 모자를 눈썹까지 깊게 눌러썼다. 부엉이 꼬리에서 뜯은 깃털이 마치 귀처럼 모자에 달려 있었다. 그가 입은 옷의 천 조각 두 개가 마치 두 날개처럼 펄럭였다. 얼굴 위에 우박처럼 굵은 염주들이 흘러내렸다. 무당은 2푸트나 나가는 두루마기를 땅에서 들어 올렸다. 두 손은 무거운 소매 속으로 집어넣었다. 두루마기 양옆에는 풀에서 딸려 들어간 개구리와 뱀들이 달려 있었다. 등에는 딱따구리 가죽이 붙어 있었다.

무당은 긴 두루마기를 흔들었다. 방울들이 소리를 내기 시작했다. 무당은 땅 위에 엎어졌다. 사람들의 눈에는 검은 방울만 보였고 나무 방망이의 무서운 소리가 들렸다.

무당은 일어났다. 그의 방울 위에서 불길이 타올랐다. 무당은 은으로 된 등자에 발을 끼우고 천천히 돌기 시작했다. 무당은 점점 빨리 돌았다.

갑자기 방울들이 순식간에 조용해졌다. 어둠 속에서 천둥이 치듯 가죽 북이 꽝 하고 울렸다. 무당은 똑바로 섰다. 두 손을 양옆에 붙였다. 염주가 얼굴에서 정수리로 떨어졌다. 무당은 앉아서 자작나무 쟁반으로 손을 뻗어 염소의 심장을 먹었다. 무당이 말했다.

"토르코 차차크를 없애야 해. 대지의 주인이자 악령인 데르 에에지가 우리에게 그 아이의 아름다움을 보냈어. 그 아이가 여기 머무는 동안 소들은 새끼를 낳지 못할 거고, 어린 아이들이 죽을 것이며 노인의 병도 낫지 않을 거야."

마을의 여자들은 얼굴을 떨구었다. 노인들은 두 손으로 눈을 가렸다. 손가락 사이로 눈물이 흘러내렸다. 젊은 사람들의 얼굴은 두 번 상기되었다가 두 번 창백해졌다.

"토르코 차차크를 나무통에 앉히고 아홉 개의 철 틀로 봉합한 후 바닥에 구리 못을 박아 강에 던져라."

무당은 무거운 두루마기를 던져 버리고 모자를 벗었다.

그리고 말을 타고 떠났다.

무당은 집에 와서 하인들에게 말했다.

"여봐라, 강가에 가라. 떠내려온 커다란 통이 있을 테니 그 통을 집에 가져다 놓아라. 그리고 너희는 숲으로 달아나라. 울음소리가 들리더라도 돌아보지 말거라. 신음 소리와 울음소리가 숲 전역에 울려 퍼지더라도 절대로 오지 말거라. 사흘 이전에는 내 집에 얼씬하지 말거라."

마을 사람들은 이레 동안 무당의 명령을 수행하지 않았다. 토르코 차차크는 이레 동안 울었다. 여드레째 되는 날 사람들은 여자를 통에 앉히고 아홉 개의 철틀로 봉합한 후 바닥을 구리 못으로 박았다. 그리고 통을 강물에 던졌다.

그런데 그날 어부 발릭치는 강가에서 물고기를 잡고 있었다. 그는 큰 통을 발견하고 통을 물에서 건져 자신의 초목집으로 가져왔다. 그가 도끼로 통을 부수자 여자가 있었다. 그는 손에 도끼를 든 채 그 자리에 얼어붙었다. 귀뚜라미처럼 그의 심장이 팔딱팔딱 뛰었다.

토르코 차차크는 발릭치에게 사악한 무당에 대해 이야기해 주었다. 어부는 통 속에 사나운 개를 넣어 다시 강에 던졌다.

무당의 하인들은 통을 강에서 건져 집에 가져다 놓았다. 그리고 그들은 무당이 시킨 대로 숲으로 달아났다. 얼마 후 집으로부터 신음 소리와 비명 소리가 들려왔다. 무당이 외쳤다.

"도와줘! 도와줘!"

그러나 하인들은 무당이 시킨 대로 더 빨리 더 멀리 달아났다.

사흘이 지난 후 하인들은 집으로 돌아왔다. 무당은 죽은 채 모닥불 맞은편에 누워 있었다. 누가 그의 목을 물어뜯었는지 하인들은 도대체 이해할 수 없었다.

토르코 차차크는 어부의 초목 집에서 살게 되었다. 그러나 그들에게는 먹을 것이 아무것도 없었다. 왜냐하면 어부는 더 이상 낚시를 할 수 없었기 때문이다. 낮이나 밤이나 토르코 차차크를 바라보기만 할 뿐이었다. 발릭치는 수백 번 낚싯대를 들고 강으로 가려고 했으나 번번이 몇 발짝 가지 않고 다시 돌아오곤 했다. 소나무 기둥에 가려 그녀의 얼굴이 보이지 않을라치면 발릭치는 그녀의 얼굴을 보러 한걸음에 다시 달려오곤 했다. 그녀의 두 눈은 버찌처럼 검고 눈썹은 무지개 같았고, 그녀의 머리에서는 중국 조가비 소리가 났다.

토르코 차차크는 자작나무 조각을 가져다 껍질에 칼로 자신의 얼굴을 새겼다. 그리고 막대기에 그 자작나무 조각을 묶어 강가의 땅에 박아 놓았다. 그러자 발릭치는 더 가까이서 여자의 얼굴이 그려진 자작나무를 보기 위해서 강으로 자주 가기 시작했다.

한번은 발릭치가 그 나무 조각을 보느라 정신이 팔려 큰 물고기가 걸려든 것을 눈치채지 못했다. 물고기가 낚싯바늘을 물어 당기자 낚싯대가 손에서 미끄러져서 낚싯줄이 막대기에 감겼다. 그러자 토르코 차차크의 얼굴이 새겨진 자작나무 조각은 물에 빠져 떠내려갔다.

이야기를 들은 토르코 차차크는 엉엉 울기 시작했다. 손바닥으로 눈썹을 문지르고 손가락으로 머리카락을 쥐어뜯었다.

"누구든 나뭇조각을 보면 이리로 올 거예요! 누구든 나무 조각을 발견하면 이리로 오겠죠? 발릭치, 떠나세요! 양털 옷을 입으세요. 푸른 황소를 타고 강을 따라 나를 데리러 오세요."

강 하구에는 카라 칸의 저택이 넓게 자리를 잡고 있었다. 하인들이 자작나무 조각을 물에서 꺼내 거기에 그려진 토르코 차차크의 얼굴을 보게 되었다. 그들은 일하는 것도 잊은 채 강가에 앉아 있었다. 그들의 모자는 강물에 떠내려갔고 가축들은 구릉으로 흩어졌다.

카라 칸이 하인들을 향해 말을 타고 달려오며 호통을 쳤다.

"오늘이 명절이라고 누가 그러던? 오늘 누구 혼인 잔치가 있더냐?"

그는 거기서 토르코 차차크의 얼굴이 새겨진 자작나무 조각을 보게 되었다. 하인들에게서 나무 조각을 뺏어 말을 강의 위쪽으로 몰았다. 용사들과 장사들이 카라 칸의 뒤를 따랐다.

토르코 차차크는 혼자 초록 집에 있었다. 그녀는 무서운 병사들을 보고도 울지 않았다. 그녀는 아무 말 없이 엎질러진 우유처럼 희디흰 진주가 박힌 안장에 앉았다.

카라 칸의 저택에서 3년 동안 그 누구도 그녀의 말소리를 듣지 못했다. 3년 동안 그 누구도 그녀가 이를 드러내고 웃는 모습을 보지 못했다. 그녀는 3년 동안 울지도 않고 웃지도 않았다.

그러던 어느 날 이른 아침 토르코 차차크는 손뼉을 치며 즐겁게 웃었다. 푸른 황소 한 마리가 길을 따라 가고 있었다. 양털 외투를 입은 한 청년이 황소를 타고 가고 있었다.

카라 칸이 물었다.

"토르코 차차크! 그를 보고 웃은 것은 아니지?"

"맞아요. 그를 보고 웃은 거예요."

"사랑스런 토르코 차차크야, 털외투를 입는 것은 전혀 어려운 일이 아니야. 나도 푸른 황소를 탈 수 있어. 내가 이제 너를 즐겁게 해 줄게."

카라 칸은 발릭치를 황소에서 내려오라고 하고, 그의 어깨에서 양털 외투를 벗겼다. 그리고 황소에게 다가가 왼발을 철로 만든 등자에 놓았다.

"음매, 음매!"

황소는 소리를 지르며 카라 칸이 등자에 오른발을 얹지 못하게 한 채 그를 골짜기와 언덕으로 끌고 다녔다. 카라 칸의 지배를 받던 모든 백성이 그 모습을 보았다. 카라 칸은 창피해서 얼굴을 들지 못하게 되었다.

토르코 차차크는 발릭치의 오른손을 잡았다. 그들은 초목 집으로 돌아왔다.

행복한 리스투

호숫가 높은 산의 햇빛이 잘 드는 곳에 한 소년이 살고 있었다. 그는 새끼 염소만 했다. 그는 염소 가죽으로 큰 모자를 만들어 쓰고 양털로 만든 장화를 신었다. 얼굴은 달처럼 둥글었고 한 번도 우는 적이 없었다.

어느 날 아크 칸이 흰 말을 타고 호숫가로 왔다. 부드러운 소리가 들렸다.

"이게 뭐지?"

그는 말에서 뛰어내려 가죽 채찍으로 나무 덤불을 헤치고 앞으로 걸어갔다. 얼굴이 둥그런 소년이 보였다. 소년은 널빤지 위에 앉아서 꽃대를 불고 있었다. 꽃대는 마치 황금 피리 같은 소리를 냈다.

"얘야, 이름이 뭐니?"

"제 이름은 리스투예요. 행복한 리스투예요."

"부모님이 누구니?"

"제 아버지는 산이고, 어머니는 호수예요."

"그걸 어떻게 아니?"

"산이 제게 꽃의 뿌리를 먹여 주고, 호수가 제게 물을 줘요."

아크 칸은 아이의 답변이 아주 마음에 들었다.

"귀여운 리스투야, 내 아들이 되지 않으련? 내가 너에게 비단옷을 지어 주고, 맛있는 음식을 먹여 주고, 민첩한 말을 내어 주마."

리스투는 말의 엉덩이로 올라타 아크 칸을 안았다. 그들은 궁전으로 향했다. 궁전에 도착하자 아크 칸은 아이의 목덜미를 잡고 땅에 내려놓았다.

"너는 내 흰 가축을 돌보게 될 거야!"

겨울에 리스투는 가축을 산에서 골짜기로 몰았다. 봄과 가을에는 낮에도 밤에도 가축을 몰았다. 눈도 비도 그를 불쌍해하지 않았다. 바람은 세차게 불어 댔다. 장화는 너덜너덜해지고 외투는 어깨 위에서 바싹 말랐다. 그의 두 눈은 우는 법을 배웠다. 그의 입에서는 구슬픈 노래가 나오기 시작했다. 그러나 아무도 그의 눈물을 보지 못했다. 아무도 그의 울음소리를 듣지 못했다.

어느 날 리스투는 풀 위에 쓰러져 자기도 모르게 잠이 들었다. 꿈에 주름이 가득한 노인이 그에게 다가왔다.

"아들아, 네가 산에 혼자 살았을 때는 우는 법도 몰랐고, 슬픈 노래를 부른 적도 없었는데, 어째서 너는 잠을 자면서 그렇게 슬피 신음을 하는 거니?"

"다리가 너무 아파요. 팔이 지쳤어요. 배가 얼어붙었어요. 낮이나 밤이나 소를 따라다닐 수가 없어요!"

노인은 지팡이를 문지르고 콧수염을 쓰다듬었다. 그러자 그의 눈이 완전히 옆으로 찢어졌다.

"애야, 눕고 싶으면 소들에게 '핍'이라고 말해라. 달리고 싶으면 '탑 타즐란'이라고 말해라."

리스투는 눈을 떴다. 머리 위에 태양이 보였다.

"음매…"

소들이 소리를 지르며 사방으로 달아났다.

"핍!"

리스투가 소리쳤다.

소들은 그 자리에 누웠다.

이제 소년은 다시 명랑해졌다. 그는 온종일 강가에 앉아서 새들을 희롱했다. 소들은 누워 있었고 울지도 않았다. 그런데 소들은 누워서 풀을 뜯지 않아 마르기 시작했다. 아크칸이 이것을 알아차렸다.

"이 게으름뱅이야. 너는 소를 돌볼 줄 모르는구나! 너 사내아이 맞아? 이제 계집아이처럼 너를 신 우유나 젓도록 해야겠다!"

리스투는 낮이나 밤이나 긴 막대기로 신 우유를 젓기 시작했다. 소년의 팔은 쉴 틈이 없었다. 눈을 붙일 틈도 없었다. 칸의 아내는 신 우유로 만든 술을 퍼서 궁전에 오는 사람들을 대접했다. 손님들은 항상 취한 채 여기저기 뒹굴었다. 소년은 항상 서서 일만 했다.

술에 취한 아크 칸의 아내가 투덜거렸다.

"너는 그걸 일이라고 하니? 그렇게 우유를 저어서 되겠니? 칼을 가져와 네 목을 쳐야겠다. 창을 가져와서 네 심장을 찔러야겠다!"

칸에게는 두 아이가 있었다. 아이들은 눈이 먼 강아지처럼 항상 빽빽거렸다. 한번은 여자아이가 남동생이 가지고 있던 말발굽뼈를 뺏으려 했다. 그러자 남자아이는 그 뼈를 꽉 움켜쥐고 으르렁거렸다. 여자아이는 씩씩거리며 남동생을 할퀴러 덤벼들었다.

"핍!"

리스투가 소리치자 여자아이의 팔이 남동생의 얼굴에 달라붙었다. 칸의 아내가 그것을 보았다.

"얘들아, 무슨 일이니?"

칸의 아내는 아들과 딸을 부둥켜안고 울음을 터뜨렸다.

"저 아이에게 이런 일이 생겼어야 하는데!"

"핍!"

리스투가 속삭였다.

그러자 칸의 아내가 아이들에게 달라붙었다.

아크 칸이 물었다.

"뭐야, 당신 취한 거야?"

아크 칸은 손바닥으로 아내를 때렸다. 리스투가 다시 '핍'이라고 외치자 칸의 손바닥이 아내의 어깨에 달라붙었다. 리스투는 나무를 잘라서 피리를 만들어 불기 시작했다. 그는 마치 하늘을 이리저리 날아다니는 새와도 같았다. 칸이 쉰 소리를 냈다.

"이 더러운 벌레 같은 놈아! 빨리 가서 훌륭한 무당들을 불러오너라!"

리스투는 온 동네를 뒤져 무당들을 데리고 왔다. 무당들은 각자 제단에 바칠 수캐 한 마리씩을 들고 왔다. 그러나 아무도 칸의 가족을 치료할 수 없었다. 무당들은 머리를 흔들며 달라붙은 가족 주위에서 기름진 음식을 먹고 트림을 했다. 마침내 가장 나이가 많은 무당이 말했다.

"땅이 하늘과 합쳐지는 곳에 위대한 무당 텔덱네이가 살고 있다. 그 무당만이 칸을 치료할 수 있을 거다."

리스투는 텔덱네이에게로 달려갔다. 위대한 텔덱네이는 푸른 황소를 타고 칸의 저택 마당으로 왔다. 그는 침을 튀기며 말했다.

"이런 병을 고치지 못한다면 내 명성이 말이 아니지! 내가 담배를 끝까지 다 피우기 전에 그들의 병이 나을 거다."

그렇게 자화자찬을 하며 텔덱네이는 서둘러 풀밭에 앉았

다. 그리고 담뱃불을 붙이기 위해 허리춤에서 부싯돌을 꺼냈다. 바로 그때 리스투가 말했다.

"당신같이 굉장한 분이 왜 맨 풀에 앉아 계세요? 따뜻한 돌 위에 앉으세요."

무당은 천천히 일어나서 흰 돌 위에 앉았다.

"핍!"

리스투가 조용히 말했다.

텔덱네이는 긴 담뱃대에 불을 붙여 피우기 시작했다. 모두 숨도 쉬지 않고 그를 바라보았다.

"내가 이 담배를 다 태우고 나면 칸은 건강해지고 행복하게 살게 될 것이다."

그러나 무당이 두 대, 세 대 담배를 다 태워도 칸과 그의 가족은 전과 똑같이 달라붙은 채 있었다.

무당은 천천히 일어났다. 흰 돌이 달라붙어 떨어지지 않았다. 텔덱네이는 다시 자리에 앉았다. 위대한 무당은 사람들이 보는 앞에서 들러붙은 돌과 함께 일어나는 것이 창피했다. 그의 눈은 거의 튀어나올 것 같았다.

"이 돌은 도대체 뭐니? 리스투야."

"보통 돌이에요. 산에서 굴러온 돌이에요. 산 주인에게 절을 하세요."

텔덱네이는 이마를 땅에 댔다.

"핍!"

리스투가 소리쳤다.

사람들은 더 이상 무당이 머리를 들지 못하는 광경을 보게 되었다.

칸이 울부짖었다.

"오라. 네 장난 때문이구나, 이 비열한 리스투야! 너를 죽이고 말 거다!"

리스투는 오른손을 들었다. 달을 닮은 그의 얼굴이 새빨개졌다.

"탑 타즐란!"

리스투가 이렇게 말하자 칸의 가족은 사방으로 떨어졌다.

위대한 텔덱네이의 이마도 땅에서 떨어졌고 돌에서도 떨어졌다. 그는 말 있는 곳으로 뛰어갔다. 그 후 아무도 그를 본 사람이 없었다.

어린 리스투는 몸이 떨어져 나온 칸에게 다가갔다.

"자, 이제 저를 죽이세요! 원하셨잖아요."

칸은 주먹을 꼭 쥔 채 쥐처럼 몸을 부르르 떨었다. 칸의 아내는 큰 개구리처럼 서 있었고, 아이들은 몸을 숨겼다.

리스투는 황금 문턱을 넘어 용감하게 황금 옥좌에 앉았다. 옥좌에 조금 앉았다가 자신에게 외쳤다.

"탑 타즐란!"

옥좌가 튀어 올랐다. 리스투는 옥좌에서 내려와 호수로, 꽃이 만발한 산으로 달려갔다.

황금 잔

카라티 칸이 죽자 그가 입었던 외투와 깔고 잤던 짐승 가죽, 술을 마셨던 잔을 무덤에 함께 넣었다. 술잔은 황금으로 만든 것이었다. 카라티 칸의 아들 쿠즈 키치네크는 그 술잔을 도저히 잊을 수가 없었다. 황금 잔이었기 때문이었다. 그는 노비를 불렀다.

"디투야, 아버지 무덤으로 가서 황금 잔을 내게 가져오너라. 만일 네가 가지 않으면 네 살아 있는 심장을 빼낸 후 시신을 찢어 버릴 거야!"

디투는 골짜기로 내려갔으나 어떻게 해야 할지 몰랐다. 무덤까지 어떻게 가야 할지 전혀 알 수 없었다. 그는 발길 닿는 대로 걸어갔다. 가다가 가을 나뭇잎처럼 바싹 마른 한 노파를 만났다.

"귀여운 꼬마야, 왜 그렇게 검푸른 얼굴을 하고 있니?"

"카라티 칸의 아들이 죽은 아버지 무덤에 다녀오라고 명령했는데, 거기로 가는 길을 모르겠어요."

노파는 땅에 앉아서 기침을 했다.

"계속 서쪽으로 가거라. 서쪽에 지하 세계로 가는 입구가 있단다. 얘야, 네게 일곱 개의 빗과 실이 달린 일곱 개의 바늘, 일곱 개의 철로 된 말뚝을 주마. 만일 네게 지혜가 있다면 이 물건들이 쓸모가 있을 거다."

노파가 앉아 있던 곳의 풀들은 으깨져 있었다. 노파가 어디로 사라졌는지 디투는 알 수가 없었다. 노파의 발자국도 찾을 수 없었다. 디투는 서쪽을 향해 발길을 돌렸다. 낮이 없는 곳에 도착했다. 발밑에 아주 깊은 구덩이가 보였다. 디투는 아래로 내려갔다.

"아—!"

구멍 깊은 곳으로부터 날카로운 비명 소리가 들렸다. 젊은 여자 일곱 명이 디투를 에워쌌다.

"네 두 눈을 뽑아 버릴 거야! 네 배를 갈라 버릴 거야! 여기서는 아무도 살아서 나가지 못해!"

디투는 일곱 개의 빗을 던졌다. 여자들은 그 자리에 앉아서 머리카락을 빗기 시작했다. 디투는 계속해서 앞으로 갔다.

"오—!"

비명 소리가 들렸다. 나이 든 여자 일곱 명이 디투를 보자 달려들었다.

"산 사람이다! 바로 죽이자!"

디투는 일곱 개의 실이 달린 바늘을 그들을 향해 던졌다. 그러자 여자들은 그 자리에서 낡은 겉옷을 깁기 시작했다.

"이아. 이아. 이오. 이오!"

낙타 일곱 마리가 혹을 흔들며 포효하기 시작했다. 그들은 디투에게 달려들었다. 그러나 디투는 그들이 오기 전에 일곱 개의 말뚝을 땅에 박았다. 그러자 낙타들은 철로 된 면에 부딪혀서 디투에게 다가오지 못했다.

디투는 계속해서 걷고 또 걸었다. 그는 큰 동굴에 다가갔다. 동굴 앞에 바로 카라티 칸이 앉아 있었다. 황금 잔으로 걸쭉한 술을 마시고 있었다.

"디투야, 어떻게 여기까지 왔니?"

"별일 없었어요. 여기 생활이 어떠세요?"

"아주 좋아! 디투야, 우리가 어떤 담배를 피우는지 네가 안다면 너도 살고 싶지 않을걸. 솔직히 말해서 이 담배 때문에 나는 죽은 게 아깝지가 않아!"

카라티 칸은 황금 잔을 바닥에 놓고 긴 담뱃대에 불을 붙여 태우기 시작했다. 디투는 황금 잔을 움켜쥐고 도망치기 시작했다. 카라티 칸이 뒤를 쫓았으나 허사였다. 카라티 칸은 이미 늙은 나이에 죽었으나 디투는 고작 열여섯 살이니.

카라티 칸이 소리를 질렀다.

"어이, 낙타들아! 디투를 잡아라!"

"우리가 당신 동굴 구석에서 놀 때 당신은 우리를 막대기로 쫓았어요. 그런데 디투는 우리에게 철로 만든 말뚝을 선사했어요."

카라티 칸은 나이 든 여자들에게 소리를 질렀다.

"그를 잡아라. 그를 놓치지 마라!"

여자들이 대답했다.

"아니요. 당신은 7년 동안 우리에게 한 번도 새 옷을 선사하지 않았어요. 심지어 우리 누더기 옷을 기울 수 있도록 짐승 심줄조차 주지 않았어요. 그런데 디투가 우리에게 실과 바늘을 가져왔어요."

디투는 무사히 통과했다. 카라티 칸이 뒤를 쫓았다. 그는 젊은 여자들에게 소리를 질렀다.

"어이, 얘들아, 디투를 잡아라. 그를 묶어서 이리로 끌고 오너라!"

"아니요! 당신은 7년 동안 우리에게 빗 하나도 주지 않았는데 디투가 우리 모두에게 빗을 하나씩 주었어요."

디투는 계속해서 더 빨리 도망쳐서 구멍 끝을 손으로 잡았다.

"디투, 디투!"

카라티 칸이 소리쳤다.

"내 아들에게 전해라! 그는 거꾸로 뒤집혀서 빈 솥으로 변할 거라고. 그리고 며느리에게도 전해라. 검은 까치가 되어 집에서 날아가게 될 거라고."

디투는 지하 세계로부터 빠져나와 젊은 쿠즈 키치네크의 집으로 달려갔다. 멀리서 키치네크는 황금 잔을 보았다.

"진짜로 너는 아버지 무덤에 갔던 거야?"

디투가 말했다.

"네. 당신 아버지가 당신에게 전해 달라고 하셨어요. 아버지는 당신이 거꾸로 뒤집혀서 빈 솥으로 변하기를 비셨어요."

쿠즈 키치네크가 디투의 말을 미처 다 듣기도 전에 마치 누군가 뒤에서 그를 번쩍 치켜들기라도 하듯이 순식간에 돌더니 빈 솥이 되어 골짜기로 떨어졌다. 그의 아내는 아주 기뻐했다.

"이제 누구에게 시집을 가야 좋을까!"

디투가 그녀에게 말했다.

"카라티 칸이 당신에게 전하라고 했어요. 그는 당신이 검은 까치가 되기를 원하셨습니다."

여자는 절반만 인간의 말로 말했고 나머지 절반은 까치의 말로 말해야만 했다. 그래서 지금까지 까치는 연신 깍깍대지만 어떻게 해도 자신의 분노를 끝까지 말할 수 없다.

노비 디투는 하얀 집에 완전히 혼자 남게 되었다. 그의 오른손에는 황금 잔이 있었다. 디투는 잔에 술을 가득 따라 가장 나이가 많은 할아버지에게 드렸다. 두 번째로 잔에 술을 따라 가장 나이가 많은 할머니에게 드렸다. 세 번째 잔은 젊은 처녀 차이네시에게 주었다.

중매쟁이 여우

높지 않은 산에서 붉은 여우 한 마리가 잠을 자고 있었다. 얼마나 잤는지 기억이 없었다. 깨어나 보니 배가 등가죽에 달라붙어 있었다.

"아이고, 배가 너무 고프다!"

여우는 배가 너무 고파 두려움도 잊고 숲 가장자리에 있는 낡은 집으로 뛰어갔다.

'사람 주변에는 항상 뭔가 먹을 것이 있어. 닭고기든 뼈든 뭐든 있을 거야. 아무거나 상관없어. 음식이면 돼.'

여우는 집 주위를 어슬렁거리며 이렇게 생각했다. 그러나 여우는 뼈도 말발굽도 찾지 못했다.

'인색한 사람들 같으니라고! 먹다 남은 음식도 모두 집 안에 갖다 두나?'

여우는 목을 길게 빼고 안을 들여다보았다. 집 안의 모닥불은 백 겹이나 되는 재로 덮여 있었다. 다 타 버린 아궁이 옆에 한 젊은이가 통나무를 베고 누워 있었다. 죽었는지 살았는지 알 수 없었다. 여우가 그의 귀를 잡아당기자 그는 머리를 들었다. 그의 눈은 아침별을 닮았다.

여우가 한숨을 쉬었다.

'잘생긴 청년이다! 저런 청년은 한 번도 본 적이 없어.'

"왜 다 꺼진 불 옆에 누워 있어요? 왜 카라티 칸의 외동딸에게 청혼하러 가지 않으세요?"

"왜냐하면 나는 셔츠가 없는 얄라나시니까. 정말이지 나는 한 번도 셔츠가 있었던 적이 없어. 양피 아래 아무것도 입지 않은 어깨가 보이지?"

"그럼 여기서 무엇을 하고 있는 거예요?"

"그냥 누워 있어. 죽음을 기다리지. 나는 이미 열흘 동안 아무것도 먹지 못했어."

"아! 제가 제때 왔군요. 제 생각엔 당신에게 가장 적합한 일은 카라티 칸과 친척이 되는 거예요. 그러면 배고플 일은 없을 거예요."

얄라나시는 머리 밑에서 통나무를 꺼내 여우에게 던졌다.

"웃기지 마!"

여우는 통나무를 피해 팔짝 뛰었지만 왼쪽 발을 맞고 말았다.

여우는 절뚝거리며 카라티 칸에게 달려가서 말했다.

"위대한 전하! 얄라나시가 전하의 큰 솥을 빌리고 싶어 합니다. 그 솥에 버터를 담아 보고 싶답니다."

카라티 칸이 대답했다.

"멍청한 여우야, 얄라나시에게는 소가 한 마리도 없다. 우유 한 방울도 나올 데가 없단 말이다. 그런데 어디서 버터가 났단 말이냐?"

"모르겠어요. 그런데 하늘에 맹세합니다. 얄라나시에게 버터가 얼마나 많은지 집에서 바위로 흘러넘칩니다. 제가 버터에 넘어져서 다리가 부러졌습니다. 보시다시피 이렇게 절뚝거리잖아요."

카라티 칸은 웃으면서 여우에게 가장 큰 솥을 주었다. 여우는 솥을 들고 집마다 돌아다니며 구걸을 했다.

"굶주린 여우에게 버터 조금만 주세요!"

어떤 이는 한 숟가락을, 어떤 이는 반 숟가락을 주었다. 조금씩 모인 버터가 어느덧 솥을 가득 채웠다. 여우는 솥을 얄라나시에게 가지고 갔다.

"카라티 칸이 당신에게 버터가 든 이 솥을 선물로 보냈어요. 당신이 마음에 든대요."

얄라나시는 너무 배가 고파서 단번에 솥에 든 버터의 절반을 먹어 치웠다. 여우는 나머지 절반을 카라티 칸에게로 가져갔다.

"감사합니다. 여기 전하의 솥이 있습니다."

"솥에 버터가 남았군."

"맞습니다. 얄라나시가 깜박 잊었습니다. 우리는 버터를

재고 재다가 이제 지겨워졌습니다. 남은 버터를 따라 내는 것을 잊어버렸습니다."

카라티 칸은 오랫동안 솥을 들여다보았다. 거기에는 버터가 아니라 달이 있는 듯했다.

여우가 걱정스럽게 말했다.

"전하, 얄라나시가 저울을 빌렸으면 합니다. 돈을 달아야 하거든요."

"멍청한 여우야, 누가 돈을 단단 말이냐? 돈은 다는 것이 아니라 세어야지."

"아이고. 전하! 저희는 이미 닷새 동안 밤낮으로 돈을 세었으나 아무리 해도 돈을 다 셀 수가 없었습니다. 돈을 세느라고 이미 저는 정신이 쑥 빠졌습니다. 얄라나시도 정신이 빠진 채 앉아 있습니다."

카라티 칸은 저울을 내주었다. 이번에는 미소도 짓지 않았다. 터져 나오는 웃음을 목 안에서 꾹 눌렀다. 여우는 저울을 입에 물고 마을을 돌아다니며 동전을 모았다. 여우는 동전을 모아서 지폐로 바꾸었다. 그리고 얄라나시에게 달려갔다.

"이렇게 오랫동안 누워만 있으면 어떡해요? 보세요. 남자들이 여자를 데려오려고 여자 아버지에게 선물을 보내는 판인데, 여자 아버지가 오히려 당신에게 돈을 보냈어요."

그러자 얄라나시는 벌떡 일어나서 여우를 껴안고 입을 맞추었다.

"여우야, 원하는 것이 무엇인지 말해. 무엇이든 다 들어줄게!"

여우는 제일 새 동전들을 저울에 놓은 채 카라티 칸에게 달려갔다.

카라티 칸이 말했다.

"동전들이 저울에 걸렸네!"

"전혀 몰랐습니다."

카라티 칸은 땀을 흘렸다. 여우는 뒷발로 서서 꼬리를 왼쪽 앞발에 두고는 오른쪽 눈을 감고 말했다.

"전하, 어떻게 말씀을 드려야 할지 모르겠습니다. 부자 얄라나시가 외동따님과 혼인을 하고 싶어 합니다."

카라티 칸의 얼굴이 어두워졌다. 그러나 곧 얄라나시의 재산을 상기하고는 부드럽게 대답했다.

"얄라나시에게 가서 카라티 칸이 딸을 주겠다고 전해라. 얄라나시에게 말해서 흰 양 천 마리와 술이 든 가죽 통 천 개, 흑담비 가죽 백 개를 내게 보내라고 해."

"전하, 너무 적게 청하시는군요. 얄라나시는 양뿐만 아니라 젖소와 낙타도 엄청 많습니다. 만일 전하 궁전으로 오는 다리만 튼튼하다면 그는 가축 십만 마리를 데려올 수도 있습니다."

카라티 칸이 우쭐해서 말했다.

"이 다리는 용사 델베겐도 아주 자주 건너다닌 다리야!"

여우가 말했다.

"그럼 건강하십시오. 일주일 후 얄라나시를 보시게 될 테니 기다리십시오."

여우는 집으로 돌아가지 않았다. 여우는 다리 밑으로 기어 들어가서 이레 동안 이빨로 다리를 물어뜯었다. 드디어 다리를 연결하는 이음새가 가늘어지자 여우는 얄라나시에게 카라티 칸에게 가라고 시켰다. 여우는 앞장서서 소리치며 뛰어갔다.

"길을 비키시오! 낙타가 가니 길을 비키시오! 소들이 지나가게 길을 비키시오! 어이, 양을 맞으러 나오시오!"

카라티 칸과 손님들, 신하들은 얄라나시를 맞으러 나왔다. 얄라나시가 다리에 발을 디디자 다리는 무너졌고, 얄라나시는 강에 빠졌다.

여우가 울부짖었다.

"아이고! 아이고! 가축은 전혀 아깝지 않아요. 술은 강으로 흘러가도 좋고 흑담비 가죽도 버려도 좋으니 제발 얄라나시를 살려 주세요!"

용맹한 용사들이 말을 타고 강으로 들어가서 셔츠가 없

는 얄라나시를 건져 풀 위에 눕혔다. 알몸의 얄라나시는 황금 옷을 입은 용사들보다 더 잘생겼다. 청동으로 만든 옷을 입은 영웅들보다 더 잘생겼다. 카라티 칸은 얄라나시에게 노란 비단옷과 흑담비 모자를 가져다주었다. 카라티 칸의 딸은 얄라나시를 보자 무릎을 꿇고 그의 오른손을 잡았다. 그 자리에서 연회가 베풀어졌다. 사람들은 놀이를 하고 고기를 먹고 술을 마셨다. 이레 동안 카라티 칸의 궁전에서는 즐거운 연회가 계속되었다.

여드레째 되는 날 칸과 칸의 딸은 말에 안장을 얹고 얄라나시 집으로 가려고 출발했다. 여우는 그들보다 미리 앞서 달려가며 소리쳤다.

"여러분! 칸이 와요. 가축을 잡고 흑담비 가죽을 끌고 오세요!"

여우는 바위산에 있는 뱀의 왕의 황금 궁전으로 올라갔다.

"어이, 뱀들아! 카라티 칸이 오고 있어. 이제 칸이 너희를 죽일 거야!"

뱀들은 황금으로 만든 침대와 은으로 만든 문틈에서 기어 나왔다.

"어떡하지? 어떻게 하면 살 수 있지?"

"내 뒤를 따라와. 내가 너희를 잘 숨겨 줄게."

초원 한가운데 건초 더미가 있었다. 여우가 명령했다.

"이 건초 더미에 들어가 있어!"

독사들은 건초 더미 속으로 기어 들어갔다. 건초 더미는 주철로 만든 솥 안의 버터가 녹을 때 나는 소리로 웅성거리기 시작했다.

"어이, 좀 조용히 해! 카라티 칸이 듣겠다."

그리고 여우는 부싯돌을 비벼 불씨를 건초 더미에 떨어뜨렸다. 건초 더미는 활활 타올라 뱀들을 다 태웠다. 한편 얄라나시는 자신의 낡은 집에 거의 도착했다. 그때 여우가 얄라나시에게 외쳤다.

"아이고, 얄라나시! 취했어요? 황금 궁전으로 가는 길을 잊었어요? 어째서 칸과 따님을 이런 누추한 초목 집으로 모셔 온 거예요? 말을 오른쪽으로 돌리세요."

얄라나시는 여우가 시키는 대로 말을 돌려 황금 궁전에 도착했다. 카라티 칸은 그렇게 호화로운 곳은 처음 보았다. 칸의 딸은 번쩍거리는 황금에 눈이 멀 지경이었다.

여우는 얄라나시에게 미소를 지으며 말했다.

"부디 건강하세요!"

여우는 숲으로 가 버렸다. 그 후 아무도 여우를 보지 못했다. 얄라나시가 여우에게 음식을 먹였는지 못 먹였는지도 잘 모르겠다.

백 가지 지혜

학과 여우가 만났다. 여우가 고개를 숙였다.

"가엾은 학아, 너는 다리가 두 개밖에 없구나!"

학은 아래를 쳐다봤다. 여우에게는 다리가 하나, 둘, 셋, 네 개가 있는 것이 아닌가! 학은 놀라서 입을 딱 벌렸다. 여우가 외쳤다.

"아이고! 아이고! 가엾은 학아, 너는 이빨이 하나도 없구나! 나는 이빨이 서른여섯 개 있고, 지혜가 백 가지 있고, 다리가 네 개 있고, 귀가 두 개 있고, 멋진 꼬리가 있어!"

학은 완전히 속이 상했다. 슬퍼서 더 길게 긴 목을 뺐다. 저 멀리 사람이 오고 있었다.

"어이, 여우야, 사냥꾼이 오고 있어!"

여우는 꼬리를 움츠리고 너구리굴에 숨었다. 학이 그 뒤를 따라갔다. 사냥꾼은 그것을 눈치채고 굴에 다가와서 굴을 파기 시작했다.

학이 울기 시작했다.

"아이고, 여우야, 사냥꾼이 이리로 들어오려고 해! 너에게는 다리 네 개, 이빨 서른여섯 개, 지혜가 백 가지 있으니 우리가 어떻게 하면 살 수 있을지 생각해 봐!"

"너 스스로 궁리해. 나는 이제 지혜가 쉰 가지만 남았어."

사냥꾼은 점점 더 가까이 오고 있었다.

"아이고, 여우야, 내 충직한 친구야, 너에게는 다리 네 개, 지혜 쉰 가지가 있어. 어떻게 하면 우리가 살 수 있을까?"

"너 스스로 생각해. 내 지혜는 다 사라졌어."

사냥꾼은 입구를 파고 학의 긴 다리를 붙잡아 굴 밖으로 끄집어냈다. 학의 날개는 축 처져 있었고 눈은 유리 눈 같았고 심장조차 뛰지 않았다.

'굴 안에서 죽었나 보다.'

사냥꾼은 이렇게 생각하고 학을 옆으로 던져 버렸다.

굴을 더 파자 털이 북실북실한 꼬리가 삐죽 나와서 떨고 있었다. 사냥꾼은 그 꼬리를 움켜쥐고 여우를 끄집어냈다. 사냥꾼은 여우를 죽여 가죽을 벗겨 자신의 가죽 자루에 넣었다.

"집으로 가서 여우 발바닥으로 모자를 만들어야겠다. 꼬리는 채찍 손잡이에 묶어야지. 등가죽으로는 아주 훌륭한 옷을 만들 수 있을 거야. 가만있자, 학도 가져가야겠다. 개에게 줄 좋은 음식이야."

사냥꾼은 옆을 둘러보았으나 학은 아무 데도 없었다. 학은 화살이 닿지 않는 하늘로 높이 날아갔다. 이렇게 귀 두 개와 다리 네 개, 이빨 서른여섯 개와 지혜 백 가지를 가진 여우는 죽었다. 그러나 학은 하나의 작은 지혜로 다리를 쭉 뻗고 잘 수 있게 되었다. 학은 어떻게 하면 살아남을 수 있는지를 스스로 터득했다.

암소와 별

지금은 말과 암소가 서로 사이가 좋지 않다. 그러나 한때는 친척이라고 여겨졌다. 어느 여름날 두 친구가 푸른 초원으로 함께 가고 있었다.

"저기 풀이 많다. 소야, 먹어!"

"아니에요. 아저씨. 아저씨가 풀을 드세요."

그들은 언덕을 이리저리 돌아다녔다. 햇빛에 등이 탔다. 말파리들이 마치 별들처럼 원을 그리며 날아다녔다. 그들은 그늘에 가고 싶었다. 선선한 골짜기로 내려갔다.

"음매, 음매. 아저씨, 저기 있는 게 뭐지요?"

말은 천천히 눈을 들었다. 골짜기에 울케르 성좌[4]가 조용히 누워 있었다.

말은 다리를 들어 발굽으로 소의 입을 틀어막았다.

"쉿, 소리 내지 마! 별들이 잠들어 있는 동안에 발굽으로 별들을 누르자."

"음매, 내가 먼저 봤어요! 내가 먼저 누를게요!"

"멈춰! 멍청하게 굴지 마! 네 발굽은 나보다 작아. 네 근

---

4) 플레이아데스 성좌를 일컬음.

육은 나보다 약해. 그들을 누르지 못할 거야."

하지만 소는 말의 말을 듣지 않고 잠자고 있는 별들 위로 뛰어올랐다.

별들은 갑자기 잠에서 깨어나 쉬쉬 소리를 내며 투덜거리기 시작했다. 소의 발굽이 둘로 갈라졌다. 갈라진 틈으로 울케르 성좌는 골짜기 바닥에서 하늘로 날아올랐다.

"하－하－하!"

말이 껄껄 웃었다.

"네 다리를 봐. 갈퀴 같아! 우리는 더 이상 친척이 아니야."

말은 매끄러운 꼬리를 세차게 흔들며 뒤도 돌아보지 않고 달려갔다.

그때부터 소에게는 두 개의 발굽이 생기게 되었다. 그리고 울케르 성좌는 그때 그 여름 이후 하늘에서도 땅에서도 발견되지 않았다. 발굽이 있는 가축을 피해 진흙 습지에 숨었다.

곰 아저씨

옛날 알타이의 언덕에 있는 하얀 궁전에 에르 부쿠 칸이 살았다. 그의 두 눈은 벌이 쏜 것처럼 부어 있었다. 얼굴은 말의 비장처럼 회색이었다. 에르 부쿠 칸은 서 있을 때는 항상 한 손으로 턱수염을 쓰다듬었고, 다른 한 손으로는 옆구리를 받쳤다. 칸은 추위에도 몸이 얼지 않았고, 여름에는 빗방울을 하나도 맞지 않았다. 그의 옆구리는 부드러운 털옷 속에서 아주 편안했다. 입술은 기름진 음식으로 반들거렸다.

어느 날 에르 부쿠 칸이 가장 용맹스러운 용사들을 불러 말했다.

"한 산록으로부터 일곱 개의 산이 솟아오른 일곱 개의 강이 시작되는 곳에 돌로 된 굴이 있다. 그 동굴에 큰곰 한 마리가 살고 있어. 앞은 노란색이고 뒤는 검은색이야. 곰의 왕이지. 그 곰을 잡아서 내 궁전으로 끌고 오너라. 그 곰을 내 밑에 두어야겠다. 내가 유일한 칸이 되어야겠다."

용맹한 용사들은 부르르 몸을 떨었다. 그들의 청동갑옷은 사시나무 잎사귀 같은 소리를 냈다. 그들은 칸 앞에서 뒷걸음질해 흰 궁전을 나갔다.

몇 달 동안 용사들은 산과 숲을 헤매며 뒤졌으나 곰을 발견하지 못했다. 용사들은 말을 돌려 되돌아갔다. 모자를 쓰지 않은 아이들이 용사들 앞을 걸어가고 있었다. 아이들 뒤를 긴 외투를 입은 노인들이 따르고 있었다. 궁전에 다다르자 한 용사가 땅에 엎드렸다.

"위대하신 전하, 도저히 곰을 잡을 수가 없습니다!"

에르 부쿠 칸은 화가 나서 하늘에서 벼락이 치듯 고함을 질렀고 강철 같은 눈을 번뜩였다. 칸이 황금 문을 활짝 열고 문턱을 넘으려고 발을 들었는데, 그만 무언가에 걸려 넘어지고 말았다. 발밑에 '쥐'라는 별명으로 불리는 노비 치츠칸이 있었다. 두 왕비가 에르 부쿠 칸의 두 팔을 붙잡아 일으켰다. 흉악한 망나니 두 명이 소년 치츠칸의 다리를 붙잡았다. 소년이 외쳤다.

"전지전능하신 전하! 언제든 저를 죽이셔도 됩니다. 그 전에 제가 곰을 데려오도록 허락해 주십시오."

에르 부쿠 칸은 치츠칸의 흑갈색 눈을 바라보았다. 치츠칸은 키가 작았다. 그러나 어깨는 넓었다. 다리는 마치 구리처럼 단단해 보였다.

"이 쥐새끼야, 만일 네가 나를 속이면 너를 솥에 던질 거다. 네 피를 마시고 네 육신을 잘게 자르고 네 뼈를 가루로 만들어 버릴 거야."

치츠칸은 이미 궁전에 없었다. 그는 일곱 개의 산으로, 일곱 개의 강이 시작되는 곳으로, 곰이 사는 그 동굴로 갔다. 그의 등 뒤에는 길이 없었다. 치츠칸은 옆을 바라보기가 겁났다. 굶주림으로 그는 바위에 쓰러졌다. 마치 눈물처럼 투명한 이슬방울이 바위에 매달려 있는 것이 보였다. 그는 입을 벌렸다. 이슬 두 방울이 그의 혀로 떨어졌다. 그러자 갑자기 두 목소리가 들렸다.

"까악! 까악! 형제야, 여기서 뭐 하니?"

"까륵! 까륵! 인간을 망보고 있어. 인간의 죽음을 기다려. 인간의 두 눈을 쪼아 먹고 싶어."

"까악! 어째서 시간을 허비하니? 늪으로 날아가는 것이 더 나아. 거기에 새끼 말이 묶여 있어. 말이 인간보다 더 먼저 죽을 거야."

"까륵, 까륵! 이 인간은 거의 죽은 것 같아."

까마귀 한 마리가 날아가 버렸고, 다른 까마귀는 남았다.

치츠칸은 놀랐다.

'누가 내게 새의 말을 알아듣게 가르쳤지?'

얼마 전까지만 해도 죽음이 아주 가까웠지만 지금 그는 일어설 수 있었다.

까마귀가 한숨을 쉬었다.

"아, 까륵! 내 동생 말이 맞았어. 이 인간은 곧 죽지 않을 거야."

까마귀는 실망했다. 그리고 까마귀는 죽은 채 치츠칸의 다리 쪽으로 떨어졌다. 치츠칸은 산으로 올라갔다. 산불의 검은 연기가 맹렬히 뿜어져 나오고 있었다.

어린 곰이 소리쳤다.

"불이야! 불이야!"

치츠칸이 어린 곰을 불 속에서 데리고 나왔다.

어린 곰이 흐느껴 울었다.

"흑, 흑. 당신이 제 생명을 구했어요. 이제 저는 당신을 항상 존경할 거예요."

어린 곰은 비틀거리며 집으로 뛰어갔다.

치츠칸은 계속 걸었다.

늪에 빠졌던 새끼 말이 소리쳤다.

"슬퍼! 슬퍼!"

치츠칸은 말의 갈기를 잡고 늪에서 꺼내 주었다.

하늘 어디에선가 신음 소리가 났다.

"까륵! 까륵! 이 말은 쉽게 죽지 않을 거야."

치츠칸은 말의 목에 자신의 따뜻한 손바닥을 댔다. 그리고 그들은 둘이서 일곱 개의 산과 일곱 개의 강이 시작되는 곳으로 갔다. 갑자기 산에서 무서운 노래를 부르며 먹구름처럼 털이 덥수룩한 곰들이 나타났다. 말이 몸을 떨고 킁킁

콧소리를 냈다. 치츠칸은 강철같이 단단한 손가락으로 말갈기를 꽉 쥐고 있었다.

"친구야, 무서워하지 마. 곰들의 발 앞에 음식이 놓인 쟁반과 술이 든 잔이 있는 것 보이지?"

제일 앞에서 큰곰이 천천히 걸어가고 있었다. 그의 발은 통나무보다 더 두꺼웠다. 머리는 불에 탄 그루터기 같았다. 등은 곰 열 마리가 누워도 될 정도로 넓었다. 앞쪽 털은 낮처럼 노랬고, 뒤쪽 털은 밤처럼 검었다. 다른 곰들은 모두 뒷발로 서서 걷는데, 그 큰곰은 네 발로 어슬렁어슬렁 걸었다. 큰곰은 치츠칸 쪽으로 아주 가까이 다가와서 오른쪽 앞발을 구부린 다음 큰 머리를 조용히 들고 다정하게 말했다.

"너는 내게 아침의 태양과도 같고 저녁의 달과도 같다. 네가 불 속에서 내 아들을 구해 주었어. 마음에 드는 것을 먹고 마셔. 원하는 것이 무엇이냐? 들어줄 테니 무엇이든 말해."

"저는 아직 아이입니다. 술을 마시지 못해요. 선물을 받을 수도 없습니다. 당신에게 저를 보낸 것은 에르 부쿠 칸입니다. 그는 이 세상에서 유일한 칸이 되고 싶어 합니다. 그는 당신을 잡아서 개처럼 사슬에 묶어 궁전으로 데려오라고 제게 시켰습니다."

곰의 짙은 속눈썹에 굵은 눈물방울이 맺혔다.

"그렇게는 못하지! 에르 부쿠 칸과 전쟁을 하러 가자!"

큰곰이 앞발을 높이 들었다. 다른 곰들은 하나같이 침묵했다. 큰곰은 자신의 발을 치츠칸의 어깨에 얹었다.

"나는 이 아이의 요청을 들어주고 싶다."

다른 곰들은 아무 말도 하지 않았다. 곰들은 술을 다 마시고 음식을 다 먹고 나서 취해서 숲으로 흩어졌다.

큰곰이 궁전을 향해 움직였다. 곰 뒤를 밤색 털의 어린 말이 따랐다. 어린 말 뒤를 치츠칸이 따랐다. 수많은 강을 건넜다. 수많은 산을 넘었다. 치츠칸은 계속해서 넘어졌기 때문에 항상 뒤처졌다. 곰이 말했다.

"내 등에 타거라."

소년은 나무 기둥을 타고 오르듯 곰의 발을 타고 곰의 등에 올라 부드러운 털에 기댔다. 곰은 물보다 더 빨리 달렸다. 어린 말은 바람보다 더 가볍게 앞으로 나아갔다.

큰곰이 하소연했다.

"아이, 모기가 얼마나 무는지 모르겠네!"

치츠칸은 자작나무 가지를 꺾어 모기를 쫓으려고 곰의 얼굴과 머리를 때리기 시작했다. 그렇게 그들은 에르 부쿠 칸의 궁전에 도착했다. 곰이 큰 소리로 고함을 쳤다.

"음! 음!"

맹수의 소리를 들은 가축들은 모두 산으로 도망쳤다. 사람들은 집 안으로 숨었다. 사람들은 가죽 올가미로 문을 단단하게 비틀어 맸다. 사나운 개들은 몸을 떨며 구멍 안에 숨었다. 에르 부쿠 칸은 심장이 터져 버릴 것만 같았다. 두려워서 식은땀이 났다.

"음! 음!"

에르 부쿠 칸은 침대 밑으로 몸을 던졌고, 그의 아내들은 함 속으로 기어 들어갔다.

치츠칸이 말하기 시작했다.

"전하! 전하의 명령을 수행했습니다."

에르 부쿠 칸은 침대 밑에서 나와서 일곱 번 모닥불 근처를 배회했으나 어떻게 목숨을 구해야 할지 알 수 없었다.

곰이 다시 으르렁거렸다.

"음! 음!"

"아이고, 치츠칸, 어쩌자고 저 미친 짐승을 데려왔니? 미친 짐승은 내게 필요 없어. 빨리 다시 데려가!"

치츠칸은 코를 더 높이 올리며 말했다.

"처음에는 곰을 궁전으로 끌고 오라고 하시더니. 이제는 동굴로 다시 데려가라고 또 명령하시는 거예요?"

"사랑스런 내 아들, 치츠칸, 내가 왕국의 절반을 주마. 제발 데려가만 다오!"

치츠칸은 곰의 등에서 내려왔다. 앞은 노랗고 뒤는 검은 곰의 왕이 말했다.

"잘 있어, 친구야."

그리고 곰은 일곱 개의 강과 일곱 개의 산이 시작되는 깊은 동굴로 돌아갔다.

에르 부쿠 칸은 궁전으로 치츠칸을 불렀다. 에르 부쿠 칸은 문을 열고 나가기가 무서웠다. 마당에서 치츠칸과 말할 용기도 없었다. 한편 치츠칸의 무릎은 몹시 떨렸고, 이빨은 마치 잘 달구어진 무쇠솥 안에 마를 넣을 때 나는 갈라지는 소리를 냈다. 치츠칸은 엎드린 채 고개를 들 수도 없었다.

부드러운 목소리로 에르 부쿠 칸이 말했다.

"두려워하지 말거라. 내 왕국을 너와 나누고 싶은데. 네게 무엇을 주어야 할지 모르겠구나."

궁전 바닥에는 큰 모닥불이 활활 타오르고 있었다. 모닥불 맞은편에 양 한 마리가 누워 있었다. 양은 꺼칠꺼칠한 혀로 갓 낳은 새끼를 핥아 주고 있었다. 치츠칸이 몸을 숙이더니 새끼 양을 손바닥 안에 놓고 새끼 양과 눈을 맞췄다.

에르 부쿠 칸이 몹시 기뻐하기 시작했다.

"치츠칸, 기억해. 너 스스로 그 새끼 양을 고른 거야. 더 이상 아무것도 요구하지 마. 그리고 네가 가고 싶은 곳으로 떠나."

치츠칸은 땅에 머리가 닿도록 절을 했다. 털로 만든 올가미로 새끼 양을 단단히 묶고 밤색 말에 굴레를 씌우고 거주할 곳을 찾아 출발했다.

말과 새끼 양과 치츠칸은 이레 동안을 걸었다. 여드레째 되는 날 새끼 양은 분홍빛 혀를 내밀고 자꾸 헐떡거렸다. 양의 두 눈은 점점 생기를 잃어 갔다.

"더 이상 걸어갈 수 없니?"

치츠칸은 가볍게 웃으며 왼손으로 새끼 양을 잡고 오른팔로 껴안았지만 어린 양을 들어 올릴 수가 없었다. 말발굽이 복사뼈까지 땅속으로 들어갔다. 치츠칸은 새끼 양을 허리띠로 묶고 자신도 그 허리띠로 채우고 말도 채웠다. 그들은 앞으로 달리기 시작했다. 그런데 올가미가 떨어지고 말이 뒤집혔다. 치츠칸은 말에서 떨어지고 새끼 양은 땅에 떨어졌다.

"매―애!"

양이 웃었다.

"아이고 창피해라! 매―애! 하나는 곧 남자가 될 거고, 또 하나는 이미 어른 말이 되었는데, 새끼 양이 이 둘을 일으킬 수가 없구나."

치츠칸은 창피해서 모자를 던졌고 떨어진 모자 밑에 자신의 얼굴을 묻었다. 몇 날 며칠 밤을 잤는지 기억도 없었다. 잠에서 깼을 때 자신이 누구인지도 모를 정도였다. 그는 아흔아홉 개의 헝겊을 덧댄 가죽 외투 대신 붉은 비단 외투를 입고 있었다. 구멍 난 신발 대신 붉은 장화를 신고 있었다. 치츠칸은 머리에 검은 해리털로 만든 모자를 쓰고 있었고, 붉은 여우털 이불을 덮고 있었다. 침대는 늑대 가죽으로 덮여 있었다. 설탕같이 흰 펠트 천이 흰 자작나무 침구 위에 팽팽하게 당겨져 있었다.

치츠칸은 집에서 나왔다. 문 맞은편에 황금으로 만든 말뚝이 박혀 있었다. 그 말뚝 옆에 그의 밤색 말이 있었다. 진주로 수를 놓은 마구와 청동 안장이 얹혀 있었다. 치츠칸은 오른쪽을 보았다. 마치 눈처럼 흰 골짜기가 보였다. 거기에는 아주 많은 양들이 있었다. 그는 다시 왼쪽을 보았다. 언덕 위에 붉은 말 떼가 있었다.

치츠칸은 용사의 목소리로, 독수리의 목소리로 우렁차게 소리치기 시작했다. 철로 만든 코무스[5]를 입술에 대고 연주했다. 낮고 묵직한 소리가 계곡 전체에 울려 퍼졌다. 또 두 줄짜리 톱슈르[6]를 들고 연주했다. 가볍고 경쾌한 음악이 숲

---

5) 입에 대고 부는 오카리나와 유사한 민속악기. 알타이에서는 성스러운 악기로 여겨지며, 특히 샤먼이 천상과 지상, 지하의 세계를 오갈 때 이것을 부는 것으로 알려져 있다.

6) 두 줄로 된 알타이의 민속악기로, 주로 명창이 영웅서사시를 구연할

을 적셨다. 에르 부쿠 칸의 목동들이 그 음악을 듣고 가까이 다가갔고 셀 수 없이 많은 양과 말들을 보게 되었다. 목동들이 그 사실을 칸에게 고하러 갔다.

에르 부쿠 칸은 강물처럼 부글거리며 화를 냈고 얼음처럼 쨍 갈라지는 소리를 냈다. 칸은 자신의 연한 밤색 말을 타고 산꼭대기로 올라가서 독살스럽게 외쳤다.

"소는 긴 꼬리를 가졌는데 털은 짧구나. 돈 많은 인간이 이 계곡에서 유목을 했나 본데, 여기서 살면 안 되지. 내일 해가 뜨기 전에 내 아버지의 활이 따끔한 맛을 보여 주리라. 어머니에게서 물려받은 이 손이 힘을 보여 주리라."

치츠칸은 울기 시작했다. 그는 평생 한 번도 활을 잡아 본 적도 없고 싸움하는 법을 배워 본 적도 없었다. 메아리가 된 그의 울음소리가 채 가라앉기도 전에 큰곰이 벌써 왔다.

"울지 마, 애야! 이 쇠로 만든 칼을 가져가. 잘 휘어지는 나뭇가지로 활을 만들고 개암나무로 화살을 만들어라. 전나무가 창을 만들기에 아주 적합해."

치츠칸은 곰이 몸을 돌려 사라지는 것을 보았다. 그런데 곰이 어디로 사라졌는지 알지 못했다. 치츠칸은 넓은 참나무 위에 앉아서 창과 활, 화살을 만들기 시작했다. 그것들을

때 연주한다.

만드는 데 나뭇가지들이 다 들어갔다. 나무 기둥처럼 창이 만들어졌다. 창은 마치 긴 손가락 같았다. 활은 마치 화산처럼 둥그렇게 만들어졌다. 활은 손바닥 같았다.

아침에 큰곰이 왔다. 노란 털옷을 입은 쥐들이 곰의 뒤를 따라왔다. 쥐 뒤를 회색 털옷을 입은 너구리들이 따라왔다. 너구리들 뒤에는 오소리들이 있었다. 오소리들은 어디로 가는지 몰랐기 때문에 좋은 옷을 입고 오지 않았다. 오소리들 뒤를 갈색 가죽옷을 입은 곰들이 따랐다.

가장 작은 창과 화살들은 쥐들이 들어야만 했고 좀 큰 무기들은 다람쥐들이 들었다. 오소리들은 무엇을 들어야 할지 오랫동안 싸우다가 마침내 모두 달라붙어 활을 들었다. 곰들은 무거운 창을 쉽게 들어 올렸다.

"누워라!"

곰의 왕이 외쳤다.

쥐들이 가장 앞에 누웠다. 쥐들 뒤에 너구리들이 뒹굴었다. 너구리들 뒤에 오소리들이 누웠다. 오소리들 뒤에 곰들이 누웠다. 군대의 한쪽 끝에 검은색과 노란색 털을 지닌 큰 곰이 섰다. 다른 쪽 끝에는 암갈색 말을 탄 치츠칸이 우뚝 섰다.

저 멀리 하늘 가장자리에 여명의 빛이 비쳤다. 회색빛 골짜기로부터 검은 산으로 에르 부쿠 칸이 군대와 함께 돌진했다. 큰곰은 군대가 아주 가까이 다가올 때까지 기다렸다. 군대가 가까이 다가오자 큰곰이 고래고래 소리를 질렀다.

"돌진하라!"

모든 짐승은 하나가 되어 일어섰다. 모두는 동시에 창을 높이 들었다. 에르 부쿠 칸이 말고삐를 죌 틈도 없이 그의 앞에 마치 밀림처럼 창들이 떨어졌다. 짐승들의 눈은 파란 불길처럼 타올랐다. 숨소리는 마치 짙은 안개처럼 온 산에 짙게 깔렸다.

"멈춰라!"

큰곰이 명령했다.

쥐들이 고함을 쳤다. 너구리들이 꿱꿱거렸다. 오소리들이 콧김을 내뿜었다. 곰들은 마치 천둥이 치듯 으르렁거렸다.

에르 부쿠 칸이 외쳤다.

"후퇴하라! 뒤로, 뒤로!"

칸은 정신없이 제일 먼저 말고삐를 돌렸다. 그의 뒤를 따라 용사들과 장사들, 영웅들이 달아났다. 칸의 군대가 여울을 건너갈 때 강물들이 넘쳐났다. 산 위에 있는 돌들이 타다 남은 재처럼 사방으로 흩날렸다. 골짜기의 꽃들은 다 짓이겨졌다. 에르 부쿠 칸은 어떻게 자신의 흰 궁전과 모든 재물이 먼지에 섞여 날아가 버렸는지 알아차리지 못했다. 그는 쥐들과 너구리들을 피해 쏜살같이 달아났다. 그는 바위나 바다가 있어도 아랑곳하지 않고 도망갔다.

에르 부쿠 칸이 세상 어느 변방에 멈췄는지 아무도 모른다. 그가 정신을 차렸는지도 우리는 아는 바가 전혀 없다. 심지어 에르 부쿠 칸이란 이름도 이미 알타이에서는 잊힌 지 오래다.

대신 알타이인들은 큰곰이 고아 치츠칸을 도와준 사실을 잘 기억한다. 그 우정에 대한 답례로 알타이인들은 곰을 인간의 친형으로 여긴다. 곰의 이름을 그냥 부르지 않고 항상 존경심을 갖고 '아바이', 즉 아저씨라고 부른다.

녹색의 신 쿠르가미시

'가을' 투얀치는 풀을 먹은 다음 나뭇잎을 먹고 있었다. 그는 늙고 사나웠다. 코는 완전히 썩은 나뭇가지 같았고, 얼굴은 나리꽃 같았다. 그는 입을 벌리고 웃었다.

"모두 먹어 치울 거야!"

나뭇잎들은 아무도 죽고 싶지 않았기 때문에 몸을 떨며 한껏 움츠렸다.

녹색의 신 쿠르가미시가 통나무를 타고 호수를 건너고 있었다. 얼굴은 둥글고 부드러웠다. 눈은 말의 눈처럼 컸다. 그는 깔깔 웃었다.

"흐, 흐. 나는 호수를 따라간다."

메아리는 바위에서 바위로, 산에서 산으로 울려 퍼졌다. 물살은 은빛방울이 되어 바위에 부딪혔다.

"탁… 탁… 탁…"

물살이 녹색의 신과 인사를 나누었다. 투얀치는 신을 보고 더 사나워졌다. 삼나무로 올라가서 씩씩거렸다.

"너도 먹어 버릴 거야!"

쿠르가미시도 그녀를 보았다. 보자마자 소리를 질렀다.

"왜 숲을 망치려고 하니? 여자 모습을 한 요괴야."

투얀치가 침을 뱉었다. 침은 호수에 떨어졌고, 빙하로 떠내려갔다. 추위 냄새가 났다.

쿠르가미시 역시 화가 났다. 그는 소리를 질렀다.

"가만두지 않을 거야!"

그는 호숫가로 뛰어오르더니 투얀치에게 달려들었다. 그들은 싸우려고 서로를 붙잡았다. 검은 먼지 덩어리가 나왔고, 물은 끓어오르고, 산은 신음했다. 타이가는 바람에 펄럭이는 치마처럼 흔들거렸다. 쿠르가미시가 포효했다.

"죽여 버릴 거야!"

투얀치도 씩씩거렸다.

"먹어 치울 거야!"

하루가 지나고, 이틀, 사흘이 지났다. 싸움은 끝나지 않았다. 나뭇잎들이 떨며 애원했다.

"쿠르가미시가 이기면 좋을 텐데! 아, 그러면 좋을 텐데!"

보석처럼 빛나는 잎사귀들이 있는 자작나무 그늘에서 순금으로 만든 왕관을 쓰고, 발밑에는 구름을 밟고 있고, 푸른 갈기의 말을 가진 늙은 신, 신들의 신 쿠다이가 그 사실을 알게 되었다. 쿠다이가 말했다.

"신들을 화나게 하면 안 돼. 너희를 벌주겠다. 서로 떨어져라."

그러나 그들은 떨어지지 않았다. 쿠르가미시가 얼굴을

펴고 외쳤다.

"지금 투얀치를 죽이고 떨어지겠어요."

그리고 다시 투얀치의 얼굴을 잡았다. 늙은 신 쿠다이가 손을 흔들었다. 그는 화가 났다. 투얀치와 쿠르가미시를 여태껏 한 번도 보지 못했던 회오리바람으로 날려 버렸다. 그들은 빙빙 돌았다. 바람이 일고 한기가 돌았다.

겨울이 왔다.

투얀치가 돌아왔을 때 구름 덩어리가 숲에 떨어졌다. 그녀가 한숨을 쉬자 눈이 오고 추워졌다.

쿠르가미시가 돌아왔을 때 눈이 녹고 해가 보이게 되었다. 그렇게 오랫동안 지속되었다.

그 후 쿠르가미시의 흰색 말 분트가 오고 있었다. 오래된 청동으로 만든 안장을 얹고 오고 있었다.

쿠르가미시가 미소를 지으며 말했다.

"따뜻해져야만 한다. 투얀치, 가거라."

투얀치는 짐승의 굴에 몸을 숨겼다. 더 사나워지고 손톱을 갈았다. 씩씩거렸다.

"기다려라."

녹색 신 쿠르가미시는 다시 호수를 따라가며 깔깔거렸다.

"하, 하, 하. 나는 호수를 따라간다."

풀들이 쿠르가미시에게 머리를 숙였고 향내가 났다. 나뭇잎들이 서늘한 공기를 몰고 왔다. 그들은 모두 즐거웠다.

"우리 신이 호수를 따라가신다."

쿠르가미시의 얼굴은 둥글고 넓었고 삼나무처럼 털이 많았다. 그는 사방을 둘러보았고 기뻐서 깔깔거렸다.

"하. 하. 하."

쿠얀

코이오노크 신이 황금색 나뭇잎들이 무성한 자작나무 그늘에 앉아 있었다.

산기슭에서 멀리 대식가 토끼 쿠얀이 풀을 뜯었다.

토끼는 코이오노크를 보고 숨을 헐떡였다.

"신은 참 좋겠어. 늑대를 염려할 필요도 없고, 매도 두려워하지 않아도 되니. 복도 많지!"

토끼는 풀을 뜯어서 콧구멍으로 가져갔다. 만족스럽지 않았다. 토끼가 말했다.

"자작나무의 황금빛 잎사귀를 먹을 수 있다면."

쿠얀은 오랫동안 생각에 잠겼다. 너무 생각하느라 털이 빠졌다. 토끼는 마침내 결심했다.

'코이오노크 신에게 가 봐야겠다.'

토끼는 신에게 왔다.

"안녕하십니까? 어떻게 지내십니까?"

"별일 없어. 잘 지내. 이렇게 지내는 것이 지겨울 정도야."

"왜 지겹지 않으시겠어요? 수염이 그렇게 긴데. 충분하게 긁으려면 1년은 긁어야겠어요."

“맞아. 오랫동안 굶어야 해.”

둘은 아무 말 없이 서로를 바라보았다.

토끼가 말했다.

“원하시면 옛날이야기 해 드릴까요?”

코이오노크 신은 생각했다.

‘토끼가 무슨 옛날이야기를 알겠어?’

그러나 신은 착했던지라 대답했다.

“해 봐.”

쿠얀은 비단으로 수를 놓은 담요 위에 놓인 신의 다리 옆에 앉았다. 그리고 자작나무 잎사귀를 바라보며 입맛을 다시며 이야기하기 시작했다. 계속해서 입맛을 다셨기 때문에 쿠얀에게서는 말이 술술 잘 나왔다. 초원은 그저 초원이 아닌 듯했고, 말 젖은 백 년은 된 듯했고, 작은 숲은 그저 숲이 아니라 초원에 놓인 돌들로 장식되어 있었다.

코이오노크 신은 만족스럽게 소리를 질렀다.

“에구! 역시 토끼야!”

신이 조용해졌다. 신은 잠들었다. 신은 담요에 쓰러졌다.

토끼는 바로 자작나무로 가서 나뭇잎을 먹기 시작했다. 나뭇잎을 다 먹기도 전에 토끼의 배는 전나무 솔방울처럼 빵빵해졌다. 토끼는 배불리 먹은 후 잠이 들었다.

코이오노크 신은 불길한 꿈을 꾸었다. 불길한 꿈이었다.

말이 넘어지고 음료 대신 먼지를 먹는 꿈이었다. 잠에서 막 깨어나려는 순간 갑자기 정신이 확 들었다. 태양이 목덜미를 뜨겁게 달구고 있는 것이 아닌가! 신은 생각했다.

'이게 뭐지? 항상 시원한 나무 그늘이 있었는데.'

신은 나무를 바라보았다. 자작나무에 나뭇잎 절반이 없었다. 그리고 토끼 쿠얀이 옆에서 자고 있었다. 한쪽 발을 배에 얹고, 입에는 먹다 남은 자작나무 잎이 반쯤 삐죽 나와 있었다. 코이오노크는 불같이 화를 냈다.

"무슨 짓을 한 거냐? 응?"

토끼는 벌떡 일어났으나 너무 배가 불러서 말을 할 수도 없었다.

신이 토끼에게 외쳤다.

"에잇! 이 더러운 놈! 당장 꺼져!"

신은 토끼에게 벌을 주었다.

"이 먹보야, 앞으로 네가 먹을 수 있는 가장 좋은 음식은 쓴 사시나무 껍질이 될 것이다."

신은 일어나서 자작나무에 새로운 나뭇잎이 생기게 만들었다.

그래서 가을이 되어 자작나무 잎이 황금색이 되기 시작하면 토끼는 무서워한다. 몸을 떨고 심장이 두근두근한다.

황금 새 알틴 쿠츠카시

게레데는 새들의 왕이었다. 기근이 들자 새들에게는 먹을 것이 하나도 없었다. 새들은 모여서 회의를 했고 게레데에게 물었다.

"무엇을 먹어야 할까요?"

그때 황금 새 알틴 쿠츠카시가 왔다. 황금 새는 게레데에게 말했다.

"제가 3년 동안 모든 새를 먹일 수 있어요."

그러자 게레데가 알틴 쿠츠카시에게 말했다.

"네가 백성들을 3년 동안 먹이고 싶어 하니 쿠다이 신에게 가서 내 백성들인 새들에게 무엇을 먹여야 할지 물어보거라."

황금 새는 하늘로 올라갔다. 거기에 황금 궁전이 있었다. 궁전의 문 앞에는 영원히 낙엽이 지지 않는 잎사귀가 달린 황금 백양나무 알틴 테레크가 서 있었다. 백양나무에서 황금 뻐꾸기가 울었다. 알틴 쿠츠카시는 마당에서 치즈를 말리는 것을 보았다. 알틴 쿠츠카시는 부리로 치즈를 쪼기 시작했다. 게레데의 백성들에게 이 치즈를 먹일 수 있으리라고 생각했다.

궁전에서 한 처녀가 나와 황금 새를 잡아 아버지 쿠다이 신에게 보여 주며 말했다.

"제가 예쁜 새를 잡았어요. 어째서 아버지는 제게 이런 새를 만들어 주지 않으셨어요?"

쿠다이 신은 새를 손으로 잡고 말했다.

"너에게는 황금 산과 황금 강이 있어 거기에서 먹이를 구하고 살 수 있는데 왜 여기에 나타났느냐?"

"게레데가 저를 보냈습니다. 지금 땅에 기근이 들어 새들이 죽게 되었다고 전하라고 했습니다. 새들에게 무엇을 먹여야 할지 말씀해 주십시오."

그러자 쿠다이 신은 황금 새에게 보리 씨앗을 주며 명령했다.

"이 씨를 너의 왕에게 가져가거라. 왕으로 하여금 이 씨를 골짜기와 산에 뿌리도록 해라. 이 씨가 모든 백성을 먹여 살릴 수 있을 거다."

게레데는 그 씨를 박새 우렌치에게 주었다. 쿠다이 신은 황금 새 어깨 밑에 은으로 된 상자를 넣었다.

황금 새는 집으로 와서 쿠다이 신의 명령을 전하고는 잠을 자러 나무 구멍으로 들어갔다. 아침에 깨어 보니 구멍은 온데간데없었다. 새는 나무로 만든 집에서 이불이 덮인 침대에 누워 있었다. 새가 이불에서 나오니 등잔불 앞에 한 처녀가 앉아 있었다. 처녀가 새를 잡으려고 하자 새는 천장으로 푸드덕 날아올랐다. 새는 숲으로 날아가며 말했다.

"이제 당신은 나를 찾지 못할 거예요."

새는 사흘 동안 숨어 있었다. 사흘 후 다시 구멍으로 가서 밤잠을 잤다. 아침에 깨어 보니 또 지난번과 같은 집에서 이불을 덮고 침대에 누워 있었다. 새의 깃털이 침대에 흩어져 있었다. 새는 커튼에 앉았다. 예전의 그 처녀가 새를 잡으려고 하자 새는 또 천장으로 날아올랐다. 새가 날아가며 말했다.

"이제 나를 잡을 수도, 볼 수도 없을 거예요."

새는 다시 또 구멍에 가서 세 번째 잠을 잤다. 깨어 보니 깃털도, 날개도 사라졌다. 머리에는 상투가 있을 뿐이었다. 새는 인간이 되어 있었다. 새는 남자가 되어 황금 평상에 누워 있었다. 불 앞에 한 처녀가 앉아 있었다. 남자는 그녀에게 눈길도 주지 않고 밖으로 나왔다. 황금 마구간에 흰회색 말이 묶여 있었다. 그는 말에게 다가갔다. 말의 콧구멍에서 편지 하나가 떨어졌다. 남자는 편지를 주워서 읽기 시작했다. 편지에는 다음과 같이 쓰여 있었다.

"황금 새는 남자 인간이 되어야만 한다. 쿠다이 신의 딸이 황금 새를 마음에 들어 해서 쿠다이 신이 새를 인간의 모습으로 바꾸어 딸에게 주었다. 바로 불 앞에 앉아 있는 처녀가 쿠다이 신의 딸이니 그녀를 아내로 삼고, 남자의 이름은 흰회색 말을 탄 알틴 쿠츠카시, 즉 '황금 새'다."

알틴 쿠츠카시는 다시 집으로 들어가서 처녀와 인사를 나누었고 비로소 그녀가 자신의 아내라는 것을 알게 되었다. 처녀는 식탁을 차리고 자신이 그의 아내이며, 주위의 모든 가축과 백성이 그에게 속한 백성이라고 말했다. 그는 배불리 먹은 후 밖으로 나와서 활집을 들고 검은 갑옷을 입고 칼을 들었다. 어깨 위로 활을 높이 치켜들고 말했다.

"황금의 타이가로 가서 이레 동안 사냥을 할 거다."

그는 황금의 타이가의 산에서 산짐승들을 죽이고 강에서 물짐승들을 죽이고 흑담비를 잡아 가죽을 벗기고, 말만 한 사슴들에게 짐을 실었다. 그러고는 집으로 가기 위해 황금의 타이가에서 내려오기 시작했다.

갑자기 길 한가운데에서 60사젠이나 되는 꼬리를 가진 흰 늑대가 나타났다. 늑대는 말을 타고 가는 알틴 쿠츠카시에게 달려들며 말했다.

"너를 잡아먹을 거다!"

알틴 쿠츠카시가 말했다.

"나를 내버려 둬. 나를 잡아먹지 마. 흰 가축을 모두 줄게."

"필요 없어."

"그것으로 부족하다면 내 백성들을 다 줄게."

"네 백성은 잡아먹지 않을 거야. 너를 잡아먹을 거야."

"그러면 내 아내를 잡아먹어. 제발 나는 놓아줘."

"너에게 아들이 태어났으니 그 아들을 준다면 너를 살려 줄게."

"그럼 내 아들을 잡아가. 나는 제발 살려 줘."

"지금 당장 집으로 가거라. 내일 아침 일찍 아들을 잡아먹으러 네 집으로 가마."

알틴 쿠츠카시는 말을 타고 눈물을 흘리며 집으로 돌아왔다. 집에 와 보니 아내는 막 아들을 낳아서 강보에 싸 놓았다. 알틴 쿠츠카시가 아내에게 말했다.

"흰 늑대가 나에게 덤벼들어서 목숨을 살려 주면 그 대신 이 아이를 준다고 해 버렸어. 내일 늑대가 와서 이 아이를 잡아먹을 거야."

두 사람은 울며 말했다.

"어떻게 늑대로부터 이 아이를 살리지?"

알틴 쿠츠카시는 자신의 백성들과 용사들을 불러 모아 말했다.

"창이 있는 자들은 찌르고, 검이 있는 자들은 베고, 활이 있는 자들은 쏘아라. 내 아이를 늑대에게 주어서는 절대 안 돼!"

흰 늑대 아크 푸리가 아침에 왔다. 용사들이 칼로 찌르고 베고 화살을 쏘았으나 아무 소용이 없었다. 늑대는 조금의 상처도 입지 않았다. 아크 푸리는 거침없이 집으로 들어와 문을 열고 강보에 싸인 아기를 들고 달아났다. 아기의 부모는 뒤에서 쫓으며 울었다. 아크 푸리는 아기를 황금 산으로 데려가서 황금 굴에 넣었다. 늑대는 황금 굴에서 아기를 자기 꼬리로 덮은 채 하룻밤을 잤다. 이틀이 지나자 아기는 늑대를 엄마라고 부르기 시작했고, 엿새가 지나자 아버지라고 부르기 시작했다. 늑대는 아이를 동굴에 남겨 두고 먹을 것을 가져다주었다. 아이는 크게 자랐다. 아크 푸리가 아이에게 말했다.

"아들아! 네게 큰 말을 가져다줄 테니 타고 다닐래? 검은 갑옷을 가져다줄 테니 입을래?"

"말이 뭐예요? 갑옷이 뭐예요? 저는 모르겠어요."

"그것들을 가져다줄 테니 기다려."

그런데 늑대가 아이를 데려갔을 때 뱀 두 마리가 땅 밑에서 기어 나와 알틴 쿠츠카시와 그의 아내에게 물었다.

"아들은 어디에 있는가?"

알틴 쿠츠카시가 대답했다.

"내 아내는 아들을 낳은 적이 없어. 우리는 아무것도 몰라."

뱀 두 마리가 말했다.

"우리가 언제든 네 아들을 잡아먹을 거다! 네 아들은 이미 에를리크의 책[7]에 포함되었다."

뱀은 사라졌다.

아크 푸리가 아이에게 말했다.

"갈색 말 타시 쿠렌을 데려왔다. 나와서 보거라!"

아이가 나왔다. 동굴 앞에 타시 쿠렌이 서 있었다. 안장 뒤꽁무니에 달린 띠에 검은 갑옷이 매여 있었고, 안장 위에는 활집이 던져져 있었다. 말은 귀를 쫑긋거렸다. 구름이 흘러가고 있었다. 소년은 검은 갑옷을 띠에서 풀어 몸에 걸쳤다. 아흔아홉 개의 단추를 잠그고 활집을 둘렀다. 소년은 아홉 마리 소의 가죽으로 만든 채찍을 손에 들었다. 아크 푸리가 소년에게 말했다.

"가고 싶은 곳으로 어디든 달려 보거라. 그런 다음 집으로 되돌아오너라."

소년은 말을 타고 출발했다. 어디로 갈지 생각하지 않고 무조건 달렸다. 깊은지 얕은지도 모른 채 강을 건넜다. 높은지 낮은지도 모른 채 산을 넘었다. 소년은 그렇게 달린 후 다시 집으로 돌아왔다. 아크 푸리가 말했다.

---

7) 저승사자가 잡아갈 사람들의 이름이 적힌 명부.

"아들아! 여행은 어땠니?"

소년이 말했다.

"원하는 곳은 어디든 갈 수 있어요."

"그럼 나에게 텐게레 칸의 딸을 데려다줄 수 있겠니?"

"데려올게요."

아크 푸리는 소년에게 빈 관을 주며 말했다.

"텐게레 칸에게 가서 딸을 데리러 왔다고 하고, 딸을 내주겠냐고 물어라."

소년은 아크 푸리가 시키는 대로 집을 나섰다. 아크 푸리가 말했다.

"네 이름을 아직 짓지 못했구나. 너는 갈색의 돌같이 강인한 말 타시 쿠렌을 탄 아루 만다이이다."

아루 만다이가 출발하려고 하자 아크 푸리가 명령했다.

"텐게레 칸에게 가는 길에 말을 타고 가는 처녀 한 무리를 만나게 될 거다. 처녀들이 어디로 가느냐고 물으면 텐게레 칸에게 내 아버지와 결혼시키게 딸을 달라고 청하러 간다고 말해라. 그러면 처녀들이 손바닥으로 넓적다리를 때리며 웃을 것이다. 그런데 딱 한 처녀만이 웃지 않고 너를 세 번 돌아볼 것이다. 그 처녀가 텐게레 칸의 딸이다."

아루 만다이는 처녀 백 명을 만났다. 그들이 물었다.

"당신은 누구세요?"

"아루 만다이예요."

"어디 가세요?"

"텐게레 칸에게 제 아버지와 결혼시키게 딸을 달라고 청하러 가요."

처녀들은 깔깔거리고 웃기 시작했다.

"당신은 칸의 딸을 반드시 데려갈 수 있을 거예요."

그런데 딱 한 처녀만이 웃지 않고 세 번 뒤를 돌아보았다. 아루 만다이가 혼잣말로 중얼거렸다.

"저 처녀가 텐게레 칸의 딸이구나."

아루 만다이는 다시 출발했다. 아루 만다이는 철로 된 궁전에 도착해서 말에서 내려 안으로 들어갔다. 칸이 물었다.

"아루 만다이, 무슨 일로 왔느냐?"

"당신 딸을 데리러 왔습니다. 딸을 주시겠습니까?"

칸은 불호령을 내리고 손에 들려 있던 채찍으로 아루 만다이의 머리를 때린 다음 밖으로 내쫓았다. 아루 만다이는 정신을 잃었다. 아루 만다이가 정신을 차려 보니 황금 굴 앞이었다. 아크 푸리가 아루 만다이를 맞이하며 물었다.

"어땠니?"

"칸이 채찍으로 제 머리를 때렸어요. 궁전 밖으로 저를 내던져서 저는 의식을 잃은 채 누워 있었어요. 정신을 차려 보니 여기네요."

아크 푸리가 물었다.

"또 다녀올 수 있겠니?"

"네. 다녀올 수 있어요."

아루 만다이는 안장 너머로 채찍을 던지고는 다시 출발했다. 아루 만다이는 길에서 처녀들 백 명을 만났다.

"어디 가세요? 아루 만다이!"

"텐게레 칸에게 제 아버지 아크 푸리와 결혼하게 딸을 내어 달라고 부탁하러 가요."

"아마도 당신은 칸의 딸을 데려갈 수 있을 거예요."

처녀들은 웃었다. 한 처녀만이 웃지 않았다. 그녀가 칸의 딸이었다. 아루 만다이는 생각했다.

'만일 지금 그대로 칸에게 가면 또 머리를 얻어맞지 않을까? 칸에게 딸을 달라고 청하지 말고 칸의 딸을 바로 잡아서 아버지에게 데려가는 게 낫지 않을까?'

아루 만다이는 손을 뻗어 요술의 힘을 빌려 악천후를 만들었다. 하늘에서 눈이 쏟아져 나무 절반까지 눈이 쌓였다. 태양이 자신의 주위에서만 눈을 녹여 길을 만들게 했다. 칸의 딸은 약간 빨리 눈이 없는 그 길을 따라 말을 타고 달렸다. 그녀는 비단으로 눈을 피할 곳을 만들어 그 안에 앉았다. 아루 만다이가 그녀에게 다가가서 그의 말 뒤에 타라고 청했다. 처녀는 그의 부탁을 따르지 않았다. 그래서 아루 만다이는 그녀를 강제로 말 뒤에 앉히고 달렸다. 그녀가 물었다.

"나를 어디로 데려가는 거예요?"

"당신을 내 아버지 아크 푸리에게 시집보내려고 해요."

"나를 흰 늑대에게 바치느니 당신이 차지하는 것이 더 나을 텐데요!"

"내겐 당신이 필요 없어요. 당신은 흰 늑대의 아내가 될 거예요."

그녀가 간청했다.

"만일 나를 흰 늑대에게 바치고 싶다면, 마지막으로 언니 알틴 타나와 형부 알틴 쿠츠카시를 만나게 해 주세요."

"더 이상 지체할 시간이 없어요. 지금 바로 당신을 아버지 아크 푸리에게 데려갈 거예요."

처녀는 울며 소리쳤다.

"저를 언니와 형부에게 데려다줄 수 없다면 마지막으로 말 위에서라도 잠깐 그들을 볼 수 있게 해 주세요."

아루 만다이는 더 이상 거절할 수 없어 칸의 딸을 데리고 알틴 쿠츠카시와 알틴 타나의 집으로 향했다. 알틴 쿠츠카시와 알틴 타나가 처녀를 보러 집에서 나왔다. 알틴 타나가 말했다.

"동생아, 어디로 가니?"

"저 남자가 나를 아크 푸리에게 시집보내기 위해 강제로 데려가는 거예요."

알틴 쿠츠카시는 아루 만다이가 자신의 아들이라는 것을 알아차렸다.

"내가 네 아버지고, 이분이 네 어머니다."

아루 만다이가 말했다.

"당신들을 아버지와 어머니로 인정할 수 없어요. 제 아버지는 흰 늑대 아크 푸리예요."

아루 만다이는 가던 길을 계속 갔다.

아루 만다이는 칸의 딸을 아크 푸리에게 데려왔다.

아크 푸리가 아루 만다이에게 말했다.

"너는 태어나자마자 에를리크의 책에 포함되었다. 너는 죽을 운명이었어. 나는 네가 불쌍했어. 나는 타이가의 정령이야. 나는 너를 죽게 내버려 둘 수 없어서 너를 데려와 키웠어. 산의 정령은 결혼을 할 수가 없단다. 이 처녀는 네 아내가 될 것이다. 그녀를 데리고 네 부모 알틴 쿠츠카시와 알틴 타나에게 돌아가거라."

아크 푸리는 말을 끝내자마자 사라졌고 황금 동굴도 사라졌다. 아루 만다이가 칸의 딸과 함께 부모님에게 오자 부모님은 몹시 기뻐했다. 처녀의 머리를 두 갈래로 땋아 주고 처녀를 아루 만다이와 혼인시키고 알틴 유스투크로 불렀다. 그들은 성대한 결혼식을 치렀다.

어느 날 검은 안개가 올라오고 검은 먼지가 일었다. 어둠의 용사 카라 마티르가 말을 타고 가고 있었다. 카라 마티르가 아루 만다이의 집에 왔다. 아루 만다이가 물었다.

"무슨 일이오?"

"빛과 어둠 사이의 땅 가운데에 어둠의 카라 칸이 살아요. 그의 딸 페테크 카라의 결혼식에 당신을 초청하기 위해 왔습니다. 칸으로부터 당신을 데려오라는 명을 받았습니다."

아루 만다이가 말했다.

"내일 아침에 갈게요."

카라 마티르가 돌아가자 아버지 알틴 쿠츠카시가 말했다.

"그곳에 가는 게 불길하구나. 우리 백성들은 그 결혼식에 가지 않을 것이다. 그들은 지하의 신 에를리크에게 속한 백성들이고, 우리는 천상의 신 부르한에게 속해 있다. 아들아, 가지 말거라!"

아루 만다이가 대답했다.

"한번 약속한 것은 반드시 지켜야 합니다. 죽어야 한다면 죽을 것이고 죽지 않아도 된다면 살 것입니다."

아루 만다이는 빛과 어둠 사이에 사는 어둠의 카라 칸에게로 향했다.

아들이 입은 갑옷의 짤랑거리는 소리가 이레 동안 아버지와 어머니 귀에 들렸다. 아루 만다이는 카라 칸의 산과 궁전을 바라보았다. 카라 칸의 궁전 문 앞에는 말이 한 마리도 없었다. 비로소 아루 만다이는 자신이 속았다는 것을 알았다. 아루 만다이는 어둠의 타이가인 카라 타이가 산기슭에서서 생각에 잠겼다. 그는 화가 났다.

'도대체 어찌 된 일일까? 용사 카라 마티르가 말하기를 카라 칸이 땅 위에 사는 칸 일흔 명과 땅 밑에 사는 칸 예순 명을 불렀다고 했는데 마구간에 말이 한 마리도 없다니.'

그는 말뚝으로 다가갔다. 손에 채찍을 들고 카라 칸의 궁전으로 들어갔다. 카라 칸은 검은 평상에 앉아 있었다. 아루 만다이가 물었다.

"땅 위에 사는 칸 일흔 명과 땅 밑에 사는 칸 예순 명은 도대체 어디에 있소? 시집가는 당신 딸은 어디에 있소?"

카라 칸이 말했다.

"결혼 피로연을 보고 싶으면 내 바로 옆에 서 있는 세 천막에 가 보거라. 거기에서 피로연이 열리고 있으니."

채찍으로 단단히 무장하고 아루 만다이는 첫 천막으로 들어갔다. 문 양옆에 곰 한 마리씩 두 마리가 묶여 있었다. 곰들이 그에게 덤벼들었다. 아루 만다이는 곰들의 귀를 잡고 귀를 꺾었다. 가죽을 벗겨 주머니에 넣고 말했다.

"이 가죽으로 한쪽 장갑을 만들 수 있겠다!"

아루 만다이는 둘째 천막으로 들어갔다. 문 양옆에 얼룩무늬 수호 동물 두 마리가 매여 있었다. 그들이 아루 만다이에게 덤벼들었다. 아루 만다이는 그들의 귀를 잡고 등을 꺾었다. 그는 가죽을 벗긴 후 말했다.

"이제 다른 쪽 장갑도 만들 수 있겠다."

아루 만다이는 마지막 천막으로 들어갔다. 거기에는 용사 네 명이 앉아 있었다. 그들은 서로를 번갈아 보며 논의하고 있었다.

"아마 알틴 쿠츠카시의 불행한 외아들이 우리와 함께 지하의 신 에를리크에게 가게 될 거야. 알틴 쿠츠카시와 알틴 타나가 외아들 때문에 울게 될 거야."

"왜 당신들은 내가 에를리크에게 갈 거라고 생각하세요?"

"바로 지금 밤이 오고 있잖아. 봐! 카라 칸은 빛과 어둠 사이에 살고 에를리크를 중재해. 사람들을 속여 빛의 장소에서 여기 어둠의 장소로 보내지."

"용사들이여, 만일 내가 에를리크에게 가야만 한다면 항상 나를 기억해 주시오."

아루 만다이는 그렇게 말한 후 주머니에서 곰 두 마리의 가죽과 수호동물 두 마리의 가죽을 꺼내 용사들에게 던지며 말했다.

"내게 장갑 두 개를 만들어 주세요. 살아 있는 동안 항상 끼고 있을게요."

네 용사는 늦은 밤까지 눕지도 않고 서둘러 장갑 두 짝을 만들었다. 밤이 되자 땅 밑에서 악령들이 나오기 시작했다. 어떤 악령은 악기를 연주했고, 어떤 악령은 춤을 추었고, 어떤 악령은 노래를 불렀다. 아루 만다이도 그들과 함께 놀았다. 사흘 밤낮 동안 놀이는 계속되었다. 아루 만다이는 이상한 기분이 들었다. 천막에는 아무도 없었다. 혼자 춤을 추고 있었다. 그는 그 자리에서 만일 에를리크에게서 네 용사를 구해 내지 않으면 자신의 명예를 되찾을 수 없을 거라고 맹세했다.

아루 만다이는 천막에서 나왔다. 그의 말 타시 쿠렌이 쇠 말뚝에 매여 있었다. 그는 말에 올라 지옥의 어둠의 심연을 향해 질주했다. 그는 태양도 없고 달도 없는 깜깜한 곳에서 정신이 들었다. 그는 깊은 길을 따라가고 있었다.

아루 만다이는 아픈 사람들의 영혼이 여행하는 길을 따라서 갔다. 만일 사람이 병에 걸리면 그 영혼은 앞으로 걷는다. 병이 다 나으면 그 영혼은 그 길을 되돌아온다. 그 길에 나무 그루터기가 있고 그루터기 근처에는 항상 눈보라가 치고 춥다. 아루 만다이는 나무 그루터기까지 다가갔다. 거기에 황금 뻐꾸기가 있었다. 뻐꾸기는 백양나무로 날아올라 노래하기 시작했다. 모든 악령과 원귀가 백양나무 주위에 모여들었다. 그중에 네 용사도 있었다. 아루 만다이에게는 청동 채찍이 있었는데 그 채찍을 휘두르면 불길이 타오르고 불비가 뿌려진다. 그가 채찍을 휘두르자 불비가 내렸다. 악령과 원귀가 사라졌다. 그는 네 용사를 붙잡을 수 있었다. 그는 그들을 두 쌍의 귀걸이로 만든 후 주머니에 넣었다. 아루 만다이는 에를리크에게 가서 그를 십자가에 못 박고 들장미 다발로 두들겼다.

아루 만다이는 머리카락으로 만든 다리를 건너가고 있었다. 눈보라가 치는 검은 그루터기 옆에 모래바람이 휘몰아쳤다. 그는 계속해서 걸었다. 중간쯤 오자 큰 백양나무가 서 있었다. 그는 몸을 흔들어 황금 뻐꾸기로 변해 백양나무에 앉아 노래했다. 에를리크의 수많은 백성이 모두 모여 말했다.

"해가 비치는 곳에서 뻐꾸기 노랫소리를 들어야만 해."

네 용사가 다른 사람들과 함께 왔다. 아루 만다이는 백양나무에서 내려와 말했다.

"안녕하세요? 용사님들!"

그는 용사들을 황금 반지로 만든 후 지상으로 나왔다. 아루 만다이는 집으로 돌아와서 말했다.

"나의 수메르 울란 타이가, 나의 수테르 호수."

아루 만다이는 수테르 호수로 내려갔다. 호수는 더러웠고 메말랐다. 그는 수메르 울란 타이가로 올라가서 아래로 굴렀다. 타이가는 불에 탄 것처럼 까매졌다. 그는 노간주나무를 태우고 집으로 갔다. 흰 가축들은 무사했고 백성들도 건강했다. 흰 가축들과 백성들이 뛰어가며 말했다.

"아루 만다이가 돌아왔다."

아버지와 어머니가 말했다.

"아루 만다이가 에를리크가 사는 곳에서 돌아왔다. 놀랍게도 그는 깨끗한 채로 돌아왔다."

그들의 머리 위에서 천둥소리가 났다. 아루 만다이는 황금 말뚝 옆에서 말에서 내리며 말했다.

"제가 왔습니다."

천둥소리가 또 났다. 테미르 미제가 와서 말에서 내렸다. 그가 말했다.

"친구, 잘 있었나!"

그는 손을 내밀고 인사를 하며 말했다.

"내 친구가 건강하고 깨끗하게 돌아왔다."

백성들이 모여들었다. 백성들은 아주 행복했다. 아루 만다이는 전쟁에 나가지 않아도 됐다. 불 근처에 앉아서 라마교도 일흔 명에게 주연을 베풀었다.

에를리크의 지하 세계에 다녀온 아루 만다이는 몸을 씻어야만 했다. 그는 아크 수트 호수에서 멱을 감았다. 호숫물은 금방 탁해졌다. 그런 다음 그는 수메르 울란 산에서 아래로 굴렀다. 산의 능선들은 산불이 지나간 것처럼 새까매졌다. 그 후 아루 만다이는 노간주나무로 불을 피웠다.

질 켈

아주 오래전 이야기다. 모든 새가 따뜻한 땅에서 살던 때였다. 알타이에는 강들만이 재잘거리며 소리를 냈다. 이 강들의 노랫소리를 남쪽의 새들이 듣게 되었다. 새들은 누가 그렇게 큰 소리를 내고 누가 그렇게 즐겁게 노래하고 알타이에 어떤 즐거운 일이 생겼는지 알고 싶어졌다.

하지만 새들은 낯선 변방으로 날아가는 것이 아주 무서웠다. 독수리는 매, 부엉이, 뻐꾸기에게 공연히 가지 말라고 타일렀다. 모든 새 중에서 파랑새만이 북쪽으로 날아갈 용기를 냈다.

독수리가 파랑새에게 소리쳤다.

"잘 들어! 만일 거기가 좋으면 바로 돌아와서 다른 모든 새에게 길을 알려 줘!"

파랑새는 날개를 곧게 일직선으로 펴고 날아갔다. 파랑새는 구릉이 많은 산들을 보게 되었다. 알타이는 저녁때처럼 분홍빛으로 우뚝 서 있었다. 파랑새는 진달래나무 가지로 내려갔다. 먹구름 속에서 눈송이가 떨어졌다. 진달래꽃이 아주 많이 탐스럽게 피어 있었다. 분홍 꽃잎 때문에 나뭇잎도 나뭇가지도 보이지 않았다.

파랑새는 아래를 내려다보았다. 눈꽃이 활짝 피었다. 연노란 꽃들과 파란 꽃들은 마치 털이 많이 난 새끼 곰들 같았다. 파랑새는 배가 고팠다. 파랑새는 눈 속에서 작년의 곡식 낟알을 발견했다. 바로 옆에는 마른 열매가 뒹굴고 있었다. 좀 떨어진 곳에는 지렁이가 꿈틀거리고 있었다.

파랑새는 알타이에 온 후 아무 생각을 할 수 없었다. 머리가 가벼워졌다. 파랑새는 누가 여기로 보냈는지, 왜 여기로 날아왔는지를 잊어버렸다. 어디에서 태어났는지도 기억나지 않았다. 갑자기 하늘이 까매졌다. 파랑새는 새의 군대를 보았다. 맨 앞에 무서운 독수리가 있었다. 파랑새가 소리쳤다.

"질 켈! 질 켈! 봄아, 와라! 봄아, 와라!"

독수리는 이미 파랑새 머리 위를 맴돌았다.

"왜 너는 돌아오지 않았니? 왜 우리를 이 변방으로 부르지 않았어?"

"위대한 독수리님! 맹세합니다. 이 변방에는 얼음이 일곱 겹이나 쌓여 있어요. 일흔 개의 먹구름 속에서 눈이 내렸어요. 제가 여기 앉아서 있는 힘을 다해 봄을 불렀어요. '질 켈! 질 켈! 봄아, 와라! 봄아, 와라!' 제 부탁대로 따뜻한 바람이 불기 시작했어요. 질 켈! 질 켈! 저는 지금 막 가려고 했어요. 봄아, 와라! 봄아, 와라!"

독수리는 나뭇가지로 내려와서 날개 사이로 알타이를 바라보았다. 눈 덮인 산과 계곡이 보였다.

파랑새가 소리쳤다.

"질 켈! 질 켈!"

그 노랫소리가 들린 곳에는 눈이 녹아 시냇물이 흘렀다.

독수리가 파랑새에게 말했다.

"이번 한 번은 너를 용서하겠다. 내년에는 네가 과연 진실을 말하는지 두고 볼 거다."

그때부터 속인 것이 들통나지 않게 파랑새는 제일 먼저 봄의 노래를 부르기 시작했다.

"질 켈! 질 켈! 봄아, 와라! 봄아, 와라!"

파랑새를 따라 다른 새들이 노래하기 시작했다.

해와 달이 인간을 구한 이야기

옛날 옛적에 어디서 나타났는지 알 수 없는, 머리가 일곱 개 달린 괴물 델베겐이 이 땅에 살고 있었다. 모습은 인간 같았지만 어깨 위에는 머리가 일곱 개 있었다. 한 머리가 음식을 먹을 때 다른 머리는 노래를 했고, 셋째 머리는 잠을 잤고, 넷째 머리는 웃었고, 다섯째 머리는 울었고, 여섯째 머리는 하품을 했고, 일곱째 머리는 이야기를 했다. 그런 다음 서로 역할을 바꾸었다. 음식을 먹던 머리는 노래를 했고, 노래를 하던 머리는 잠을 잤고, 잠을 자던 머리는 하품을 했다. 하품을 하던 머리는 웃었다. 웃던 머리는 울었다. 이야기를 하던 머리는 음식을 먹었다. 울던 머리는 이야기를 했다. 델베겐은 한 번도 배가 부른 적이 없었다. 잠을 잘 때도 쉴 때도 항상 뭔가가 부족했다.

델베겐에게는 날이 아주 날카로운 큰 도끼가 한 자루 있었다. 그는 이 도끼로 무엇이든 사냥했다. 델베겐은 새, 암소, 양, 말, 염소 등 모든 살아 있는 짐승을 다 먹어 치웠다. 그러나 무엇보다 사람 고기를 제일 좋아했다. 델베겐은 항상 사람 사냥을 했다. 사람이 사는 동네에 가면 거기를 다 쓸어버릴 때까지 떠나지 않았다. 머리를 일곱 개 가진 델베겐의 모습이 너무 흉측해서 아무도 그와 싸우려고 하지 않았다. 누구도 도망치거나 그의 손이 닿지 않는 곳에 숨을 수 없었고 그의 채워지지 않는 뱃속으로 들어갈 수밖에 없었다. 그렇게 괴물은 이 땅 여기저기를 돌아다녔고 사람들은 점점 줄어들었다. 짐승들과 새들도 사라졌고 셀 수 없이 많았던 가축의 무리도 줄어들었다. 사람들은 만일 델베겐을 잠재우지 않으면 머지않아 땅이 멸망하리라고 느꼈다. 사람들은 누가 델베겐으로부터 땅을 구할 수 있을지 생각하기 시작했다.

사람들은 하늘에 있는 해와 달에게 도움을 구하기로 했다. 사람들의 기도가 마침내 해와 달에게 전해졌다. 해와 달은 땅에 시선을 돌렸고 여기저기 델베겐이 휩쓸고 간 끔찍한 광경을 보게 되었다. 숲에도 들에도 생명체가 매우 적어졌고 가축들도 눈에 띄게 줄었으며, 예전에는 사람들이 많이 살던 곳에 빈집만 덩그러니 있고 어느 집 아궁이에서도 연기가 나오지 않았다. 해와 달은 땅 위의 생명체들에게 아주 나쁜 일이 생기고 있다는 것을 알아차렸다. 델베겐을 그대로 놔두면 땅이 곧 폐허로 바뀌어 어떤 생명체도 살 수 없으리라는 것을 알았다. 해와 달은 일곱 머리 괴물로부터 사람들을 어떻게 구해야 할지 생각하기 시작했다. 괴물을 하늘로 끌어 올려 더 이상 누구도 해치지 못하도록 감시하기로 했다. 그런데 그렇게 하기 위해서는 해와 달 중 누군가가 땅으로 내려가야만 했다. 누가 땅으로 가야 할지 논의하기 시작했다.

달이 말했다.

"해야, 네가 가야 해. 나보다 나이도 많고 힘도 세잖아."

해가 수긍했고 해는 하늘의 비탈을 타고 땅으로 내려가기 시작했다. 해가 땅에 가까워질수록 땅에 닿기만 해도 어디서나 엄청난 더위가 닥쳤다. 강과 호수는 바짝 말랐고, 바다와 대양이 얕아졌다. 늪의 풀들은 타들어 갔고 숲에서는 불이 나기 시작했다. 심지어 바위마저도 참을 수 없이 뜨거운 햇빛 아래에서 녹기 시작했다. 온 땅은 재로 뒤덮였고 불길에서 나온 연기가 하늘을 가렸다. 짐승과 새들, 가축들은 목이 말라 불길 속에서 죽어 갔다. 사람들에게도 재앙이었다. 깊은 동굴로 들어간 자들만 더위를 피할 수 있었다.

해는 땅에 사는 생명체들을 돕기는커녕 새로운 재앙을 가져온 것을 알고는 가던 길을 멈췄다. 그리고 다시 하늘로 올라가서 달에게 말했다.

"나는 아무 일도 할 수 없어. 델베겐은 여전히 살아 있고 생명체들에게 다른 재앙이 생겼어. 네가 땅으로 내려가서 일곱 머리 괴물로부터 땅을 구하렴."

달이 땅으로 내려가게 되었다. 해는 달의 차가운 빛이 생명체에게 해를 입히지 않을 거라고 생각했다. 하지만 일은 그렇게 간단치 않았다. 달이 땅으로 내려올수록 땅은 점점 추워졌다. 바다와 대양은 두꺼운 얼음으로 덮였고, 강과 호수는 밑바닥까지 꽁꽁 얼어붙었다. 온 땅은 눈으로 덮였고 엄청난 추위가 찾아왔다. 새들은 날다가 얼었고 얼음 덩어리가 되어 죽었다. 털조차 짐승들을 추위에서 구하지 못했다. 짐승들은 깊은 굴에 숨었지만 거기에서도 추위로 몸이 뻣뻣하게 굳어진 채 간신히 숨만 붙어 있는 지경이었다. 사람들은 털옷을 입고 집에 틀어박혀 낮이나 밤이나 장작을 아끼지 않고 아궁이에 불을 뜨겁게 지폈다. 장작을 아무리 많이 때도 추위로 항상 몸이 떨렸다.

거대한 달은 땅으로 가까이 오다가 멈추었다. 땅에 완전히 누워 버리면 모든 생명체가 죽게 되리라고 생각했다. 그래서 달은 땅을 완전히 얼어붙게 하지 않으려고 옆으로 몸을 돌려 옆구리를 땅에 댔다. 달은 델베겐을 찾아 하늘로 데려가려고 주위를 둘러보았다.

그때 델베겐은 높은 산비탈에 있었다. 달이 땅으로 내려올 때 그는 숲에서 버찌를 따 큰 바구니에 넣고 있었다. 그는 사람 고기를 먹고 난 후 단 열매를 먹고 싶었다. 달은 산으로 굴러가 델베겐에게 같이 하늘로 가자고 말했다. 일곱 머리의 델베겐은 땅을 떠나서 하늘로 가고 싶지 않았다. 델베겐이 말을 듣지 않자 달은 화가 났다. 델베겐의 목덜미를 잡고 끌고 가려고 했다. 델베겐은 저항했다. 달은 벚나무에 딱 달라붙은 그를 떼어 내기가 힘들었다. 달은 델베겐을 더 힘껏 잡아당겨 벚나무가 뿌리째 뽑혔다. 달은 델베겐이 손에서 놓으려고 하지 않던 벚나무와 함께 그를 하늘로 데리고 올라갔다. 달은 하늘에 있는 자신의 자리에 오자 말을 듣지 않는 델베겐을 삼켰다. 그때부터 델베겐은 달의 배 속에 있게 되었다. 보름달을 유심히 바라보면 달의 환한 얼굴 위에 벚나무 줄기에 박혀 있는 도끼를 든 델베겐이 보인다.

델베겐은 속이 편치 않았다. 땅으로 다시 내려가고 싶어서 끊임없이 달과 싸웠다. 낮이나 밤이나 지치지 않고 날 선 도끼를 휘둘러 달을 한 조각씩 잘랐다. 달의 둥근 얼굴이 나날이 야위어서 홀쭉한 초승달로 변하게 되었다. 델베겐이 달의 뱃속에서 나와 다시 땅으로 내려가고 싶어 하면 달은 예전의 힘을 되찾아 다시 둥글어지고 괴물을 삼켰다. 어쨌든 델베겐이 달을 이기는 경우는 아주 드물었다. 그때 월식이 일어났다. 델베겐이 달 밖으로 나오면 사람들은 집에서 구리 대야와 양철 솥과 팬을 가지고 나와 두드리기 시작한다. 개들이 크게 짖도록 개의 귀를 비틀고 아이들을 울게 만든다. 그리고 크게 외친다.

"달을 놓아줘! 달을 놓아줘! 너는 이길 수 없어!"

델베겐이 놀라 힘이 없어지면 다시 달은 델베겐을 삼켜 배 속에 넣는다. 그렇게 달과 일곱 머리 델베겐의 싸움은 이 세상이 끝날 때까지 영원히 계속될 것이다.

일곱 형제

아주 옛날 일곱 개의 잔잔한 시내가 하나의 사나운 강이 되어 흐르는 곳, 일곱 개의 험준한 산자락에 일곱 형제가 살았다. 그들은 가축을 치지 않았고, 말 대신 한 아름 굵기의 구리로 만든 지팡이를 하나씩 가지고 있었다. 그들을 키운 아버지가 그들의 이름을 뭐라고 불렀는지 알 수 없고, 그들을 낳은 어머니에 대해서도 전혀 알려지지 않았다. 그들에게는 이름이 없었다. 그들은 서로를 '첫째', '둘째', '셋째', '넷째', '다섯째', '여섯째', '일곱째'라고 불렀다.

여섯 형제는 다 결혼을 했으나 일곱째는 혼자였다. 어느 날 밤 '첫째'가 형제에게 말했다.

"일곱 개의 산과 일곱 개의 강가, 일곱 개의 숲 어디에도 사람은 없고, 하늘에는 별이 가득해. 크고 작은 부락을 이루어 이쪽 끝에서 저쪽 끝까지 쭉 펴져 있어. '일곱째'를 위해서 별을 중매 서면 어떨까? 플레이아데스 성좌 울케르 칸 부락에 합당한 별이 있어. 그녀의 이름은 '황금 무지개' 알틴 솔로니야."

속눈썹을 깜박이기도 전에, '첫째'의 말이 입에서 다 나오기도 전에 형제는 구리 지팡이를 짚고 하늘로 올라가서 울케르 칸에게 갔다. 흰 대리석으로 된 푸른 산으로 올라가서 검은 돌로 이루어진 산에 섰다. 하늘이 바로 어깨 위에 있었고 별들은 아주 가까이에서 보였다. 작은 별들에게는 황금빛 눈동자가, 큰 별들에게는 불길 같은 눈동자가 있었다. 늙은 별들은 긴 황금 두루마기를 입고 다녔고, 젊은 별들은 청동으로 만든 짧은 겉옷을 입고 다녔다. 청동 모자 위에는 비단 술이, 은으로 만든 모자에는 진주로 만든 술이 달려 있었다.

형제는 발길을 멈췄다. 그러나 무엇을 해야 할지 모른 채서 있기만 할 따름이었다.

'일곱째'가 말했다.

"그런데 말이야, 이름도 없는 나 같은 인간에게 과연 울케르 칸이 딸을 줄까?"

'첫째'가 대답했다.

"아! 아버지와 어머니가 우리에게 이름을 남기지 않으셨으니 우리 스스로 이름을 붙이자꾸나."

'첫째'는 땅에 앉아서 나무로 된 톱슈르를 잡고 손가락으로 두 줄을 튕겼다. 그리고 기침을 하며 목을 가다듬고 노래를 부르기 시작했다. 얇은 구름이 하늘을 덮더니 따뜻한 비가 내렸다. 아주 따뜻한 바람이 불기 시작했다. 노래를 부르는 '첫째'의 옷깃 위로 삼색 무지개가 떴다. 다른 형제들이 감탄하며 한 목소리로 외쳤다.

"'명창' 카이치 메르겐. 바로 이게 형의 이름이야. 이제 '둘째' 차례야."

'둘째'는 손바닥으로 높이 자란 풀을 쓸었다.

"여기 이 자리에 7년 전에 오소리가 뛰어 갔어. 이제 내가 그 오소리를 따라잡을게."

활이 활집에서 채 날아가기도 전에 이미 '둘째'는 오소리를 끌고 돌아왔다.

"'날쌘돌이' 튜구루크. 너를 이렇게 부르게 될 거야."

'셋째'가 일어났다. 그는 눈을 가늘게 뜨고 손바닥으로 해를 가렸다. 그는 주위를 살폈다. 은빛 하늘 깊숙이 일곱 마리 거위가 보였다. 어깨에서 활을 꺼내 줄을 당겨 화살을 날렸다. 화살은 일곱 마리의 거위를 죽였다. 한 화살에 일곱 마리 회색 거위가 매달렸다.

"'명궁' 아두치 메르겐. 바로 이게 네 이름이야!"

'넷째'는 비스듬히 서 있는 듯했다. 머리를 돌리고 입술을 꽉 다물었다. 동쪽 호수를 삼키더니 서쪽에 내뱉었다.

"'물의 정령' 수우친 메르겐. 네 이름이야."

'다섯째'는 우습다는 듯 왼손으로 크고 둥근 산을 들어 올려 계곡에 세웠다.

"'산의 지배자' 투우 유제르. 네 이름이야."

갑자기 '여섯째'가 외치기 시작했다.

"아이고! 아이고! 형제들! 우리가 이름을 짓는 동안 강철 같은 회색 말을 탄 옥황상제 테네리 칸의 아들인 용사 테미르 미제가 우리의 알틴 솔로니에게 청혼을 하러 왔어. 울케르 칸의 부락에는 지금 연회가 한창이야. 말뚝에 매인 말들이 발을 구르고 콧김을 내뿜고 난리야."

"'멀리 듣는 자' 테르 틴두우시. 이제 이렇게 너를 부를 거야."

'일곱째'는 바윗돌을 손아귀에 넣었다. 마치 칼로 자르듯이 바위가 둘로 쪼개졌다.

그는 쪼개진 바위 파편을 긁어모아 검은 절벽에 박았다.

"'바위 파괴자' 타시 오오도르. 이게 네 이름이다."

형제는 이렇게 '일곱째'에게 말하고 지팡이를 짚고 울케르 칸에게 향했다.

형제가 온다는 것을 알아차리고 말뚝에 매인 말들이 동요하기 시작했다. 재갈을 풀고 사방으로 달려 나갔다. 황금 말뚝은 텅 비었다. 그 말뚝에는 일곱 개의 구리 지팡이가 비스듬히 세워졌다.

황금 줄에 묶인 개들은 일곱 형제가 오는 소리를 듣고는 꼬리를 내리고 눈도 아직 뜨지 못한 새끼들처럼 빽빽 울어대기 시작했다. 일곱 형제는 황금 궁전으로 들어갔다.

궁전은 사람들로 가득했다. 머리가 일곱 개 달린, 사람을 먹는 괴물 델베겐이 형제를 보고 고함을 쳤다.

"아하, 맛있는 저녁 식사가 제 발로 걸어왔구나!"

청회색 말을 탄 힘이 장사인 코본 오춘이 입에서 강철같이 단단한 혀를 꺼내 어깨 너머로 뱉어 다시 입에 넣었다. 강철같이 단단한 회색 말을 탄 옥황상제의 아들 테미르 미제는 형제를 돌아보지도 않았다. 그의 여우털 모자에 달린 술은 움직이지도 않았고, 길게 땋은 머리는 왼쪽 귀 위에 그대로 처음처럼 매달려 있었다. 궁전의 주인 울케르 칸은 앞쪽 구석에 앉아 있었다. 그는 세 개의 계단이 있는 황금 옥좌에 앉아 있었다. 두 눈은 마치 잔잔한 호수 같았고 코는 평편한 산과 같았다. 양 눈썹은 꼭 가파른 절벽 같았다. 콧수염은 어깨까지 내려왔고 턱수염은 가슴 밑까지 길었다.

"말도 없고 집도 없는 부랑인들 같으니! 내 집에 발도 붙이지 못하게 하라!"

일곱 형제는 이레 동안 황금 궁전 앞에 서 있었다. 울케르 칸은 형제의 말을 들어 보려고도 하지 않았다. 형제에게 아라크[8] 한 모금도 주지 않았다. 형제는 모자를 겨드랑이에 끼고 계속해서 정중하게 허리를 굽히며 아라크를 달라고 간

---

8) 쌀이나 사탕수수로 만든 술.

청했지만 울케르 칸은 비웃을 뿐이었다.

"두 개의 나무로 만든 모닥불은 뜨겁게 잘 탈 것이다. 두 옥황상제의 아들과 딸이 만나 잘살 것이다. 그러니 너희 일곱은 내 궁전에 얼씬거리지 말고 내 손님을 방해하지 말거라."

하지만 일곱 형제는 일곱 마리 붉은 황소처럼, 일곱 개의 지팡이는 일곱 마리의 붉은 말처럼 서 있었다. 울케르 칸은 마침내 한숨을 쉬었다.

"그럼 좋다. 만일 너희가 일곱 개의 머리를 가진 델베겐, 용사 테미르 미제, 코본 오춘과 한날 동시에 청혼을 하려면 예순 개의 가지가 달린 뿔이 난 사슴을 잡아 와야만 한다. 그 사슴은 예순 개의 산으로 둘러싸인 산맥의 예순여섯째 바위에 살고 있다."

델베겐이 제일 먼저 자리를 박차고 일어나서 푸른 들판으로 나가 자신의 파란 황소의 거대한 뿔을 잡고 은과 청동으로 장식한 안장에 올라탔다. 델베겐이 제일 먼저 달려갔다. 그의 파란 황소는 다른 이들의 말보다 이레를 앞섰다. 테미르 미제의 강철처럼 단단한 회색 말이 파란 황소 뒤를 따랐다. 코본 오춘이 청회색 말을 타고 갔다. 일곱 형제는 구리 지팡이에 의지해서 걸어갔다. 일곱 형제는 다른 이들보다 일곱 달은 뒤처져 걸어갔다. 늦게 출발했지만 일곱 형제는 마침내 다른 사람들보다 이레 앞서게 되었다. 델베겐은 분노로 완전히 새까매졌다. 파란 황소의 뿔은 마치 뒤집힌 나무뿌리 같았다. 델베겐이 거의 형제를 따라잡아 잡아먹으려고 할 때 테르 틴두우시가 델베겐의 숨소리를 들었다. 수우친 메르겐은 걱정하지 말라고 말하고는 '검은 호수'를 델베겐이 오는 길에 뱉었다. 그러나 테르 틴두우시는 테미르 미제가 탄 회색 말의 발굽 소리와 채찍 소리를 들었다. 투우 유제르가 걱정하지 말라고 말하고 나무를 가는 길에 박았다. 테르 틴두우시가 청회색 말의 은으로 된 마구의 짤랑거리는 소리를 들었다. 그러자 타시 오오도르가 바위를 한 손에 집어서 위로 던졌다.

'날쌘돌이' 튜구루크는 산 속의 예순째 바위로 달려갔다. 튜구루크의 엄청나게 큰 고함 소리와 발소리에 몸을 피한 사슴은 산 속의 예순여섯째 바위로 달아났다. 아두치 메르겐은 사슴을 쫓아갔다. 예순 개의 가지가 달린 녹색 뿔의 사슴이 보였다. 아두치 메르겐은 어깨에서 강철 화살을 빼 양 무릎을 꿇고 오른쪽 손가락으로 줄을 팽팽하게 당겼다. 그의 가슴뼈가 등에 붙었고 두 뺨은 상기되었다. 눈 깜박할 사이에 화살이 날아갔다. 엄지손가락에서 김이 나왔고 화살이 불길처럼 타올라 검은 사슴을 뚫고 울케르 칸에게 날아갔다. 다행히 '날쌘돌이' 튜구루크가 그 불타는 화살을 잡았다.

그러지 않았다면 화살 때문에 부락 전체가 불탔을 것이다.

검은 사슴이 쓰러졌다. 그의 눈에서 알타이의 산들이 기울고 있었다. 붉은 피가 입에서 흘러나왔다. 첫째가 허리에서 날이 선 도끼를 꺼내 크고 따뜻한 뿔이 달린 사슴의 머리를 잘랐다. 일곱 형제 모두 칼집에서 칼을 꺼내 돌에다 칼을 갈았다. 첫째가 아주 잘 들게 된 칼로 사슴의 가슴과 네 다리를 잘랐다. 나머지 여섯 형제는 까마귀조차 고기 한 점도 찾지 못할 정도로 사슴의 가죽만 깨끗이 벗겨 냈다. 그 검은 가죽으로 형제는 발효된 우유를 넣을 통을 만들었다. 커다란 뿔은 울케르 칸의 궁전 맞은편 땅 위에 꽂았다. 그래서 사슴 뿔은 단단한 백양나무로 만든 말을 매는 말뚝처럼 황금 궁전 앞에 서 있게 되었고, 검은 사슴의 가죽으로 만든 통은 마치 검은 골짜기처럼 울케르 칸의 발 앞에 놓이게 되었다. 울케르 칸은 이 두 개의 선물 때문에 더 이상 거절할 수가 없게 되었다. 한쪽 눈은 달을 향해, 다른 쪽 눈은 해를 향해 가늘게 뜨고 형제의 눈을 바로 바라보지도 않은 채 말했다.

"다른 용사들을 기다려 봐야만 해. 사슴을 죽인 게 너희가 아닐 수도 있지 않겠어?"

이레 먼저 떠났던 델베겐은 7년이 지나서 돌아왔다. 10년 후 회색 말을 탄 용사 테미르 미제가 돌아왔다. 그와 나란히 청회색 말을 탄 코본 오춘이 들어왔다. 그들의 얼굴은 땅처럼 새까맸다. 모래가 이 위에서 반짝였다.

울케르 칸이 용사들에게 허리를 굽혔다.

"어서들 오게나. 자네들 모두 사냥에서 무사히 돌아왔네. 자네들 중 누구에게 딸을 주어야 할지 모르겠네."

울케르 칸은 그렇게 말하고 나서 한숨을 쉬며 머리를 떨구었다. 마치 안개가 가린 듯 눈앞이 캄캄했다.

"과연 자네들 중 누가 마른 나무에서 잎사귀들이 나오게 하고 메마른 땅에서 꽃이 피어나도록 노래를 부를 수 있는가?"

일곱 개의 머리를 가진 괴물 델베겐이 일곱 개의 목구멍에서 내뱉었다.

"제가 할 수 있어요!"

그가 노래를 하자 새들은 둥지를 버렸고 짐승들은 새끼를 놔두고 숲에서 뛰쳐나와 산을 넘고 강을 건너 달아나 버렸다. 가축들은 우리를 박차고 질주했고 사람들은 숨어 버렸다. 싱싱한 나뭇잎은 시들어 버렸고 황금빛 풀은 말라 버렸다. 마침내 울케르 칸이 델베겐에게 말했다.

"너무 노래를 못하는구나. 그만 멈추어라. 내 흰 가축들을 도망가게 하지 말거라. 사람들을 놀라게 하지 말거라. 내 땅을 황폐하게 하지 말거라."

델베겐은 수치심으로 자신의 푸른 황소처럼 새파래졌다.

서둘러 넓은 안장에 올라 전속력으로 황소를 타고 달렸다.

이제 옥황상제의 아들 테미르 미제가 노래하기 시작했다. 코본 오춘도 옆에서 함께 노래했다. 그들이 노래하자 새들은 나뭇가지 위에서 잠이 들었고, 짐승들도 그 자리에서 누워 버렸다. 사람들은 앉은 채로 코를 골았다. 황소들도, 말들도 잠들었다. 알타이의 육백예순여섯 개의 산이 깊은 잠에 빠졌다.

울케르 칸이 말했다.

"자네들의 노래는 아무짝에도 쓸모가 없구나. 당장 멈춰라!"

코본 오춘과 테미르 미제는 서로의 얼굴을 바라보지도 못하고 집에 갈 준비를 했다.

'명창' 카이치 메르겐이 톱슈르를 잡았다. 구성진 노래를 길게 뽑기 시작했다. 새들이 놀라서 노래를 들으려고 몰려왔다. 짐승들도 노래를 들으러 왔다. 알타이의 칠백 개의 산과 예순 개의 구릉에서 사람들이 몰려와 노래를 들었다. 숲의 나무들은 노래를 들으려고 나무 꼭대기를 옆으로 기울였다. 땅에 떨어진 마른 나뭇가지들이 바삭거리며 다른 나뭇가지들에게 그 노래를 그대로 따라서 불러 주었다. 고목에 꽃봉오리가 부풀어 오르고 터지는 소리가 났고 푸른 잎들이 노래 부르는 사람을 향해 돌아섰다. 메마른 땅에서 꽃들이 피어났다. 말이 필요 없었다. 무척 아름다운 노래였다. 하늘에서 비가 내렸고 바람이 불어왔고 삼색 무지개가 '명창' 카이치 메르겐의 어깨에 걸렸다. 울케르 칸이 이 광경을 보았다. 그의 무릎이 떨렸다. 그는 아랫입술을 깨물었다. 말을 할 수 없었다. 눈물이 주체할 수 없이 흘렀다. 나흘 동안 잠도 자지 않고 밥도 먹지 않고 노래를 들었다.

"일곱 형제를 도저히 이길 수가 없구나."

달빛으로 장식한 '황금 무지개' 알틴 솔로니가 비단 휘장 속에서 나왔다. 그녀의 머리카락은 황금색처럼 노랬다. 눈동자는 버찌처럼 새까맸다. 어린 자작나무같이 하얗고 바늘처럼 가늘고 날씬한 여인이 비단 휘장 옆에 서 있었다. 타시 오오도르가 오른 무릎을 꿇고 알틴 솔로니의 오른손을 꽉 잡고 악문 이 사이로 말했다.

"이제 우리는 절대로 헤어지지 않을 거예요!"

알틴 솔로니가 대답했다.

"우리는 항상 함께 있을 거예요."

타시 오오도르는 그녀의 손을 들어 올려 흔들고는 주머니에 넣었다. 일곱 형제는 구리 지팡이를 짚고 집으로 출발했다. 용사 테미르 미제는 자신의 말을 세게 때렸다. 말은 하늘로 질주했다.

옥황상제 테네리 칸이 아들 테미르 미제에게 말했다.

"아들아, 슬퍼하지 말거라. 일곱 형제는 여기서 살지 못하게 될 거다."

울케르 칸은 그때 테네리 칸 옆에 나란히 앉아 있었다. 테미르 미제는 증오심으로 피가 날 때까지 아랫입술을 깨물었다. 그는 왼쪽 다리의 복사뼈를 삐었다. 두 눈에서 나온 눈물이 세찬 비가 되어 대지에 떨어졌다.

일곱 형제는 결혼식을 준비했다. 아두치 메르겐은 가장 기름진 고기와 새고기를 사냥해서 가져왔다. 수우친 메르겐은 호수들을 전부 뜨거운 아라크로 변하게 했다. 투우 유제르는 가장 아름다운 산에 높은 집을 지었다. 튜구루크는 전 알타이를 일흔일곱 번 돌아다니며 알타이에 사는 칠백 종족을 결혼식에 초대했다. 카이치 메르겐은 낮이나 밤이나 앉아서 노래를 불렀다. 갑자기 테르 틴두우슈가 흰 구름처럼 창백해졌다.

"아이고! 황제의 군대가 우리에게 오고 있어. 맨 앞에서 울케르 칸이 지휘하고 그 뒤를 테네리 칸의 아들 테미르 미제가 회색 말을 타고 따르고 있어."

일곱 형제는 어떻게 해야 할지 막막했다. 어떻게 목숨을 구할까? 하늘에서 뜨거운 불비가 퍼부었다. 선명한 별 무리가 떨어졌다. '산의 지배자' 투우 유제르가 얼음으로 덮인 산의 꼭대기를 들어 올렸다. 형제는 그 밑으로 기어 들어갔다.

그러나 불비가 계속해서 퍼부었고 마침내 세 겹 얼음은 세 부분으로 갈라졌다. 투우 유제르는 알타이의 일흔 개의 산의 꼭대기에서 일흔 개의 얼음덩어리를 모아서 차곡차곡 쌓았다. 그러나 뜨거운 별비는 계속해서 내렸다. 일흔 개의 얼음 덩어리를 하나하나 녹였고 녹은 물이 세찬 강이 되어 흘렀다. 그러자 형제는 일어서서 준엄하게 외쳤다.

"우리가 땅에서 살지 못하도록 하려는 겁니까? 좋습니다! 우리가 하늘에서 살겠습니다."

그때부터 그들은 '큰곰자리'가 되어 '북극성' 옆에 놓이게 되었다. 울케르 칸 '플레이아데스' 성좌는 지금까지도 일곱 형제에게서 자신의 딸 알틴 솔로니를 찾아오고 싶어 한다. 앞에서 싸우지는 못하고 뒤에서 몰래 다가가려고 시도한다. 일곱 형제는 조심하고 주의를 게을리하지 않고 울케르 칸을 항상 바라보고 있다. 그렇게 그들은 영원한 숙적으로 서로의 반대편에 서 있다.

용사 바부르간이 산이 된 이야기

아주 오랜 옛날 알타이에 용사 아다간의 아들 바부르간이 살았다. 바부르간은 힘이 장사여서 알타이에서 그를 당할 자가 아무도 없었다. 그는 싸움을 잘 거는 성격이어서 누구와 부딪치면 반드시 주먹다짐을 해야만 했다. 알타이 사람들은 그를 피하게 되었고 그와 엮이고 싶어 하지 않았다.

그러자 바부르간은 아버지 아다간의 허락도 없이 다른 지역을 다니며 초원의 용사들과 힘을 겨루기 시작했다. 물론 그가 다른 용사들처럼 단지 힘겨루기만을 한 것은 아니었다. 이긴 사람은 진 사람의 재산은 물론 아내와 예쁜 여자들을 다 가져가게 돼 있었다. 그에게 모든 것을 뺏긴 용사는 자신이 받은 모욕을 다시 일반 백성에게 분풀이했다. 바부르간이 재미 삼아 한 일이 일반 백성에게는 엄청난 재앙으로 돌아오곤 했다.

분노한 사람들이 용사 아다간에게 하소연했다. 그들은 아다간에게 아들이 싸움을 하지 말고 제발 조용히 지내도록 해 달라고 부탁했다. 아다간은 어떻게 하면 아들의 성질을 잠재우고 조용히 있게 할까 곰곰이 생각했다. 그는 아들을 결혼시키기로 결심했다. 결혼을 해서 가정을 꾸리면 침착해

질 거라고 판단했다.

아다간은 바부르간을 불러 쇼르[9] 땅, 쿠즈네츠크[10] 타이가로 가서 용사 텔베스의 딸에게 청혼하라고 명령했다. 용사 텔베스의 딸은 알타이뿐 아니라 멀리 쇼르 땅에서도 아름답기로 아주 유명했다. 또 그녀는 아버지로부터 많은 재물을 받아 모아 두어 아주 부유하다는 소문이 자자했다. 아버지는 딸의 값진 물건들을 사람들에게 선물하곤 했다.

바부르간은 아버지의 말을 듣고 아주 기뻤다. 기뻐서 펄쩍펄쩍 뛸 정도였다. 거의 머리가 하늘까지 닿을 정도로 뛰었다. 바부르간은 바로 길을 떠날 채비를 했다. 전투할 때 입는 아주 질긴 소가죽과 쇠사슬로 된 갑옷을 입었다. 활과 화살, 구부러진 칼, 철퇴, 긴 창을 들었다. 아다간은 아들이 청혼하러 갈 준비가 된 것을 보고 아들에게 용사 텔베스와 절대로 싸움을 하면 안 된다고 미리 경고했다. 어머니가 먼 길을 가는 동안 먹을 음식을 넣어 주려 하자 바부르간이 거절했다.

"뭐 하러 쓸데없이 무거운 짐을 끌고 가겠어요. 저는 아이가 아닌걸요. 용사라면 길 가다 무엇이든 스스로 음식을

9) 북알타이에 있는 지역.

10) 시베리아에 있는 곳으로 지금의 노보쿠즈네츠크.

해결해야만 해요. 길을 가다 새나 사슴을 사냥하고 물고기를 잡아먹을게요. 만일 사람들을 만나면 그들에게서 음식을 얻어도 되고요."

바부르간은 아주 멀리 용사 텔베스가 통치하는 곳으로 떠났다. 그는 울창한 타이가를 통과해서 갔다. 주위에 온통 새들과 짐승들 천지였다. 낮에는 사슴을 사냥해서 고기를 삶아 먹었고 저녁에는 물고기를 잡아 모닥불에 구워 먹었다. 아침 식사로는 아무 새나 잡아먹었다. 그는 생각했다.

'누구 앞에서도 고개를 숙인 적이 없는 고귀한 용사인 내가 용사 텔베스에게 딸을 달라고 머리를 조아리는 게 도대체 어울리지 않아. 만일 그가 거절하면 어떻게 하지? 힘으로 그녀를 데려와야지. 정정당당히 싸워서 데려올 거야.'

쇼르 땅 사람들은 싸움을 싫어하고 누구에게도 먼저 공격하지 않지만 싸움이 벌어지면 물러서지 않고 치욕을 결코 용납하지 않는다는 아버지의 경고를 바부르간은 잊어버렸다. 바부르간은 텔베스의 집에 도착해서 크게 외치기 시작했다.

"용사 텔베스, 나와서 나와 싸웁시다. 당신과 결투를 하러 왔소. 정정당당히 싸워서 당신 딸을 얻어 우리 집으로 데려가 아내로 삼고 싶소."

용사 텔베스는 한때 힘이 세기로 유명했다. 세월은 그의 젊음과 함께 용사로서의 힘을 앗아가 버렸다. 그는 이 젊은 무뢰한에게 딸을 보내고 싶지 않아서 싸움을 피하지 않았다. 그는 싸우러 나가 바부르간과 맞붙었다. 두 용사는 오랫동안 결투를 했다. 처음에 텔베스는 젊은 상대에게 전혀 뒤지지 않았지만 조금씩 힘이 빠지기 시작했다. 텔베스는 절대로 바부르간을 이길 수 없다고 느끼자 도와 달라고 아들들을 불렀다. 그에게는 아홉 아들이 있었다.

텔베스의 아들들은 바부르간에게 달려들었다. 그러나 상대가 되지 않았다. 그들은 거의 죽을 정도로 다쳤다. 늙은 텔베스는 바부르간이 아들들을 이기는 것을 보자 친척들에게 도움을 구했다. 용감한 투사들이 달려와서 바부르간의 주위를 에워싸고 압박해 들어갔다. 닷새 동안 밤낮으로 쉬지 않고 전투가 벌어졌다. 용사 바부르간의 힘센 팔에서 힘이 빠지기 시작했다. 그는 혼자서 그 많은 투사들을 감당할 수 없다는 것을 알게 되었다. 바부르간은 비야 강변 쪽으로 몰리게 되었고 투사들은 점점 그를 에워싸고 압박해 왔다. 바부르간은 마지막 힘을 다해 빠져나갈 길을 만들었다. 텔베스의 투사들은 바부르간의 날카로운 검에 찔려 죽거나 안장에 앉은 채 그의 긴 창에 찔렸다. 그러나 죽거나 다친 전사들의 자리를 새로운 전사들이 채웠다. 마침내 바부르간은 점점 좁혀 오는 전사들로 인해 비야 강변까지 오게 되었다.

바부르간의 말은 이미 오래전에 죽어서 걸어가며 싸웠다.

텔베스의 전사들은 바부르간을 강으로 몰고 갔다. 그는 더 이상 갈 데가 없었다. 전사들은 아주 기뻐했다. 바부르간은 창에 의지해서 늪을 뛰어넘듯 넓은 비야 강을 새처럼 건넜다. 텔베스의 군사들은 그를 추격하지 않았다. 강가에 진지를 구축하고 다음 날 아침 강을 건너기로 했다.

바부르간 역시 너무 피곤해서 쉬기로 결심했다. 내일 아침 다시 전투가 시작되리라는 것을 알았기 때문이다. 그는 아름다운 텔베스의 딸을 절대로 포기할 수 없었다. 그는 모닥불을 피우고 사슴 고기를 구워 저녁으로 먹었다. 바부르간은 나무 아래에 앉아서 내일 어떻게 하면 많은 전사들을 물리칠 수 있을까 생각하기 시작했다. 바로 그때 그의 머리 위 나뭇가지에서 작은 새 한 마리가 아주 아름다운 노래를 부르기 시작했다. 마법의 노랫소리는 그의 기억 속에 있는 텔베스의 아름다운 딸의 모습을 불러냈다. 그는 적들을 잊고 아름다운 여인에 대해 생각하기 시작했다. 그는 아버지의 말을 듣지 않고 텔베스와 싸움을 벌인 것을 후회하기 시작했다. 새는 마치 그의 생각을 알아차린 듯 인간의 목소리로 말했다.

"슬퍼하지 마, 바부르간. 너는 텔베스의 사위가 될 운명이 아니야. 너는 힘이 센 진정한 용사지만 저 강가에 있는 군대를 절대로 이길 수 없어. 비야 강의 오른쪽을 봐. 거기 모닥불이 점점 활활 타오르고 텔베스의 군사들이 더 많이 모이고 있어. 그들은 평화를 사랑하고 먼저 싸움을 걸지 않지만 너에게 엄청나게 화가 나 있어. 내 말을 듣지 않으면 여기서 너는 죽음을 맞게 될 거야. 너는 젊고 잘생겼으니 네 나라로 가서 아내를 찾아. 그리고 텔베스의 딸을 아쉬워하지 마. 그녀는 네 짝이 아니야."

바부르간이 물었다.

"아버지의 명을 수행하지 않은 채 어떻게 집으로 돌아간단 말이야? 어떻게 여자도 없이 집으로 돌아간단 말이야? 어떻게 사람들을 보지? 아름다운 여인을 아내로 차지하지도 못했다고 나를 조롱할 거야."

"바부르간, 슬퍼하지 마. 그녀는 너에게 좋은 배필이 아니야. 그녀는 다투기 좋아하는 성격에다 인색해. 부자지만 손님 맞는 걸 싫어해. 탐욕으로 너를 창피하게 만들 거야. 내가 집에 갈 수 있도록 도와줄게. 텔베스의 군사들이 네가 여기서 계속 기다리고 있다고 생각하도록 모닥불을 꺼뜨리지 마. 너는 서둘러 여기를 떠나. 내가 모닥불이 꺼지지 않게 밤새도록 나뭇가지를 불에 던질게."

한밤중 깜깜한 하늘에 아주 밝은 별들이 반짝거리기 시작할 때 바부르간은 집으로 출발했다. 텔베스의 군대는 그를 추격하지 못했다. 그는 울창한 타이가를 지나 지금의 피켓산이 서 있는 카툰 강가로 왔다. 창을 딛고 카툰강을 뛰어넘었다. 그는 쉬지 않고 계속해서 알타이 깊숙이 걸어갔다. 그는 아버지에게 바로 가지 않기로 작정했다. 바부르간은 동족이 사는 곳에서 아내를 찾고 싶었다. 그러나 마음에 드는 여자가 없었다. 예지 능력이 있는 용사 아다간은 눈을 붙이지 못했다. 그는 아들이 아버지의 계율을 위반한 것을 알고 아들을 벌주기로 결심했다. 내면의 눈으로 아다간은 바부르간이 있는 곳을 보았다. 그는 사람을 보내 아들에게 움직이지 말고 그 자리에 가만히 있으라고 했다. 그는 아들에게 화살을 쏴 아들을 놀라게 하려고 했다. 그것을 안 아다간의 아내는 남편과 아들 중간에 서서 시뉴하산으로 변했다. 아다간은 화살을 날리며 아들에게 분노에 찬 목소리로 소리쳤다.

"너는 아버지의 말을 듣지 않고 평화를 사랑하는 사람들과 싸움을 벌였고, 아내를 맞이하지도 못했다. 그 벌로 너는 알타이 땅 국경에 말이 없는 산으로 영원히 서 있어야 할 것이다. 더 이상 누구하고도 싸움을 하지 못하게 될 것이고, 만일 적들이 가까이 국경 쪽으로 다가오면 우리에게 알려야 할 것이다. 너의 불같은 성질을 잠재우고 네가 깜박 잠들지 않도록 차가운 북풍이 네 머리를 때릴 것이다. 나의 아들 참투 한과 카라 카야는 바부르간이 가는 길에 서서 그가 자리에서 움직이지 못하게 하라. 그가 다른 아내를 찾고자 알틴켈 호수로 가지 못하게 하라. 내 동생 타를리크는 카툰의 왼쪽에 서서 바부르간이 알타이 안으로 오는 길을 차단하라. 그렇게 영원히 있을지어다."

용사 바부르간은 한 번도 운 적이 없었는데, 아버지의 선고를 듣고는 머리를 숙이고 산을 향해 통곡하기 시작했다. 지금 바부르간산은 알타이 땅의 국경에 홀로 외롭게 서 있다. 바부르간은 지난날의 영광을 회상하며 말없이 외롭게 서 있다. 텔베스 군대와의 전투와 그의 아름다운 딸을 놓친 것을 회상할 때면 그는 깊게 탄식했다. 가슴속으로부터 나온 탄식이 하늘로 올라가 흰 구름이 되었고 바부르간의 눈물이 그 구름 속에서 비가 되어 알타이 땅에 쏟아졌다. 바부르간이 노하면 그의 머리는 검은 안개에 덮이고 안개 사이로 마치 그의 화살들이 날아가듯 번개가 번쩍였다.

용사 텔베스와 그의 용감하고 힘이 센 아들들과 친척들은 산으로 변해 지금까지 쇼르 땅에 우뚝 서 있다. 그 산꼭대기는 마치 텔베스의 아들들의 머리가 마구 헝클어진 검은 머리카락으로 덮여 있었던 것처럼 검은 숲으로 덮여 있다. 텔베스의 아름다운 딸 역시 산으로 변했고 헤아릴 수 없이 많은 재물을 그 안에 숨겼다. 그녀는 재물들과 절대 떨어지려 하지 않았다. 그녀가 아주 탐욕스럽다고 말한 새의 말은 진실이었다.

텔레츠코예 호수에 관한 전설

아주 오랜 옛날 지금의 텔레츠코예 호수의 파도가 넘실대는 곳에 높은 산이 빙 둘러 있고 그 안에 깊고 좁은 골짜기가 있었다. 산기슭에, 골짜기 양쪽에 힘센 두 용사가 살고 있었다. 그들은 서로 자기가 이 골짜기를 차지할 권리가 있다고 생각했다. 그들은 그 권리를 양보하지 않았고 수차례 치열한 싸움을 벌였다. 그러나 누구도 상대방을 이기지 못했다. 그곳에서는 그들의 싸움 때문에 누구도 편안하지 못했다. 물의 정령과 산의 정령이 두 용사를 불러 화를 냈다.

"싸움을 멈춰라. 너희가 싸움을 끝낼 수 있게 과제를 주겠다. 너희 중 먼저 '여인'이라는 말을 내뱉는 사람은 골짜기를 차지할 권리를 영원히 잃게 될 것이다."

용사들은 각자 자기 집으로 가서 금지된 말을 하지 않도록 아예 입을 닫아 버렸다. 그렇게 두 용사는 골짜기 맞은편에서 아무 말도 하지 않고 서로 마주 보고 앉았다. 하루, 이틀, 일주일, 한 달, 한 해, 몇 해가 흘렀다. 그러던 어느 날 아침 햇빛이 산꼭대기에 환하게 빛날 때, 두 용사는 골짜기 아래 시내를 따라 형용할 수 없이 아름다운 한 여인이 걸어가고 있는 것을 보았다. 그들은 여인의 아름다움에 끌려 자신도 모르게 소리쳤다.

"아! 너무 아름다운 여인이다!"

갑자기 하늘이 검은 구름으로 덮였고 뱀처럼 생긴 번개가 번쩍였고 귀를 먹게 할 정도로 큰 천둥이 쳤다. 골짜기에는 짙은 우윳빛 안개가 끼었고 용사들의 시야에서 아름다운 여인이 사라졌다. 오랫동안 천지가 요동치다가 마침내 잠잠해졌다. 태양이 얼굴을 내밀고 안개가 열어졌다. 두 용사는 그 자리에서 비명을 질렀다. 골짜기가 있던 자리에 깊은 호수가 넘실대는 것이 아닌가! 그들은 호숫가의 양편에 한 사람씩 서서 그들의 가슴을 그렇게 설레게 했던 아름다운 여인을 보려는 마음으로 투명한 물을 바라보았으나 그녀는 그들 앞에 나타나지 않았다. 그 아름다운 여인은 혼자 사냥을 하거나 물고기를 잡으러 나오는 젊은 사냥꾼이나 어부 앞에 가끔 나타나곤 한다. 만일 그들이 그녀의 매력에 홀려 정신을 못 차리면 그녀는 그를 호수 깊은 곳으로 끌고 간다. 만일 그들이 그녀의 유혹을 뿌리치면 어부에게는 엄청난 물고기를 잡게 해 주고, 사냥꾼에게는 많은 짐승을 사냥하게 해 준다. 그뿐만 아니라 예고도 없이 갑작스럽게 찾아오는 폭풍우로부터 안전하게 지켜 준다.

텔레츠코에 호수가 '황금 호수'로 불리게 된 이야기

아주 먼 옛날 호수로 흘러 들어가는 유일한 강인 출리시만강 계곡에 사냥꾼 초쿨이 살았다. 어느 날 그는 사냥을 하러 타이가로 갔다. 그는 오랫동안 산을 돌아다녔다. 그러나 아무 소득이 없었다. 준비해 간 식량이 바닥이 나자 집으로 가기로 결심했다. 집으로 가는데 갑자기 그가 탄 말이 넘어졌다. 이끼가 발굽에 끼어 있었다. 무언가 반짝이는 것이 있어 서둘러 파 보니 금이었다. 그는 그것을 파고는 어안이 벙벙했다. 금은 말의 머리만 한 크기였다. 초쿨은 뜻밖의 수확에 너무 기뻐서 정신없이 집으로 달렸다. 그는 이제 자기가 이 근방에서 제일 부자라고 자랑했다. 이웃들이 와서는 이제까지 한 번도 본 적이 없는 거대한 금덩어리를 보고 놀랐다. 누구도 초쿨의 행운을 질투하지 않았다. 이곳 사람들은 아주 단순하게 살았다. 산비탈에 있는 작은 땅에서 사냥을 하고 물고기를 잡고 보리 씨앗을 뿌리며 생활했다. 그들은 가진 것은 적었지만 행복하다고 느끼며 살았다. 누구의 지배도 받지 않고 자유롭게 사냥을 즐겼기 때문이다. 이곳 사람들은 다 똑같이 평등했다.

초쿨은 황금을 잘 간직했다. 이제 어떤 어려움이 닥쳐도

두렵지 않았고, 힘들 때 금덩어리가 구해 줄 거라고 생각했다.

어느 해인가 엄청난 더위가 닥쳤다. 얼마 되지 않은 경작지의 보리 이삭은 물이 없어 바싹 말랐고, 늪의 풀은 시들어 노래졌고, 가축들은 먹지 못해 쓰러졌다. 나뭇잎들은 떨어졌고 도토리도, 버섯도, 나무 열매도 열리지 않았다. 짐승들과 새들은 호숫가를 떠났다. 엄청난 역병과 기근이 닥쳤다. 기근에서 간신히 살아남은 사람들은 자신들이 오랫동안 살던 곳에서 축 늘어져 있었다. 기근은 초쿨의 집에도 닥쳤다. 그의 아름다운 아내의 눈은 빛을 잃었고, 부모님도 저세상으로 떠났다. 아이들은 배고픔으로 퉁퉁 부었다. 그러나 초쿨은 절망하지 않았다. 금덩어리가 이 참혹한 시절을 벗어나게 해 주리라는 희망이 있었기 때문이다.

그는 가족을 위해 금을 음식으로 바꾸려고 마을을 돌아다녔다. 오랫동안 마을을 돌아다녔지만 헛수고였다. 금을 받고 음식을 내줄 사람을 어디에서도 찾지 못했다. 마지막 남은 음식마저 다 먹어 버렸다고 말할 뿐이었다. 만일 남는 음식이 있다면 누구든 굶주린 사람에게 금이 없어도 빵 한 조각을 내놓지 않을까?

한 마을에 부자가 사는데 그가 금을 많이 탐한다는 소문이 초쿨의 귀에 들어왔다. 초쿨은 너무 기뻐 그 부자에게 한

걸음에 달려갔다. 그는 부자에게 말의 머리만 한 금덩어리를 줄 터이니 보리 한 공기만 달라고 부탁했다. 부자는 금을 좋아했는데도 거절했다. 그는 사냥꾼의 부탁을 듣고 나서 말했다.

"머지않아 내게도 아무것도 남지 않을 거야. 음식이 동이 나는 마당에 금덩어리가 무슨 소용이야?"

불쌍한 초쿨은 그의 집을 나왔다.

그는 출리시만 계곡으로 돌아와서 집으로 갔다. 아내도 아이들도 아무도 살아 있지 않았다. 그들은 굶주림으로 죽었다. 그는 절망과 슬픔에 빠져 정신없이 외쳤다.

"말의 머리만 한 금덩어리를 보리 한 공기와도 바꿀 수가 없는데 금이 무슨 소용이란 말인가? 더 이상 아무도 현혹하지 않고 헛된 희망을 품지 않도록 이 금을 호수에 버릴 거야."

초쿨은 마지막 있는 힘을 다해 돌이 깔린 오솔길을 따라 산꼭대기로 올라가 금덩어리를 호수에 던졌다.

"산의 정령이시여, 이 금을 당신에게 제물로 바칩니다. 제 민족을 위해 부디 당신이 받아 주시기를 바랍니다. 제 민족이 금으로 부자가 되게 하지 마시고, 축복받은 알타이의 땅과 숲, 강에서 얻는 것들로 부자가 되게 해 주십시오. 사람들이 있다고 여기는 그런 힘이 금에게 없다는 것을 기억하게 해 주십시오. 제가 금덩어리를 던지는 이 산은 알틴 투우, 즉 '황금 산'으로, 금덩어리를 떨어뜨린 이 호수는 알틴 콜, 즉 '황금 호수'로 불리게 될 것입니다."

쥐와 낙타

1년에는 열두 달이 있고, 각각의 달에는 고유의 이름이 있다. 옛날에는 열두 달로 된 해마다 역시 고유한 이름이 있었다. '토끼해', '말해', '소해', '돼지해' 등. 다만 '낙타해'와 '쥐해'만이 없었다.

쥐가 말했다.

"어느 해건 상관없고 가장 마지막 해라도 좋으니 내 이름의 해가 있으면 좋겠다."

낙타도 맞장구치기 시작했다.

"그래, 맞아. 나도 그러면 좋겠어!"

그렇게 말하고 나서 낙타는 아랫입술을 씰룩거리며 쥐를 곁눈질했다.

"우리 중에 먼저 해가 뜨는 것을 보는 사람의 이름을 붙이기로 하자."

쥐가 동의했다.

낙타는 그 자리에서 얼굴을 동쪽으로 돌리고 움직이는 것조차 두려워 꼼짝 않고 서서 하늘을 응시했다. 오랫동안 그렇게 서 있다가 침을 뱉고 나서 누워 버렸다.

"어쨌거나 내가 쥐보다 해를 먼저 보게 될 거야. 내 목이 더 길고 키가 크니까."

자정이 되었다. 낙타 옆에 쥐가 있는데 흡사 고목나무에 붙은 껌과도 같았다.

쥐가 울었다.

"나는 아침까지 살아 있지도 못할 거야. 여기서는 담비 냄새도 나고 고양이가 나를 먹을지도 몰라. 부엉이가 잠도 안 자고 망을 보고 있고, 여우가 여기저기 뛰어다녀. 착한 낙타야, 내가 네 등의 혹에 올라가면 안 되겠니?"

낙타가 살펴보니 혹은 머리보다는 낮았다.

"그래, 좋아. 혹 위에 앉아. 단 동쪽을 보려고 하지 말고 서쪽을 봐야 해."

쥐는 낙타를 성나게 하지 않으려고 조심스럽게 낙타의 혹에 기어 올라가서 서쪽을 향해 앉았다.

그들 둘에게는 그날 밤이 너무 길게 느껴졌다. 마침내 동쪽 하늘이 붉어지기 시작했다. 낙타는 목을 길게 빼고 머리를 꼿꼿이 치켜들었다. 그는 생각했다.

'내가 이제 해를 먼저 보게 될 거야.'

그때 쥐가 쇳소리를 냈다.

"아이고, 해다. 해다!"

낙타가 성을 내며 돌아보았다.

"뭐라? 해가 서쪽에 있다고?"

서쪽의 산이 이른 새벽빛에 반짝이며 알몸의 거인처럼 서 있었다.

그렇게 열두 해 중 한 해의 이름이 '쥐해'가 되었다.

무거운 짐을 진 낙타가 마치 산양처럼 갑자기 빠른 속도로 뛰거나 펄쩍거려도 놀라지 마라. 낙타가 쥐를 발견해서 그 쥐를 죽이려고 뛰어가는 거니까. 쥐가 먼저 해를 봤기 때문에 어떤 낙타도 쥐를 조용히 바라볼 수 없다.

미식가 사향고양이

검은 숲의 물살이 빠른 강가, 나무가 우거진 곳에 할아버지와 할머니가 살고 있었다. 그들은 나이가 많아 눈 속의 토끼처럼 완전히 백발이었다. 그들은 재산도 자식도 없었다. 푸른 암소 한 마리가 전부였다. 할아버지는 밤마다 옛날이야기를 했고 노래를 흥얼거렸다. 할머니는 가죽을 문지르며 할아버지의 이야기와 노래를 들었다. 그렇게 할아버지의 옛날이야기는 반쯤 잠들어 있던 검은 숲에서 높은 바위까지 흘러가게 되었고 예민한 사향고양이가 그 이야기를 들으러 달려왔다. 모닥불에 고양이의 하얀 아래 송곳니가 보였다. 고양이는 밤새 이야기를 들었다.

하루는 사향고양이가 밤까지 참지 못하고 낮에 가느다란 다리로 할아버지의 초목 집으로 살금살금 내려왔다. 집 안에는 우유가 가득 든 솥이 있었다. 사향고양이는 머리를 처박고 절반을 다 먹어 버렸다.

할머니가 집에 돌아왔다.

"육십 평생을 이 집에 살았지만 도둑은 없었는데. 누가 우유를 마셨지?"

사향고양이는 아주 경사가 급한 산비탈로 달아났다. 거

기는 날개 달린 새들도 앉을 수 없는 곳이었다. 발톱 달린 짐승들도 오를 수 없는 곳이었다.

아침이 되자 사향고양이는 우유가 그리워져서 가벼운 발걸음으로 할아버지와 할머니가 사는 초목집으로 다시 내려왔다. 사향고양이는 또 우유를 다 먹어 치우고는 달아났다.

할아버지와 할머니는 화가 나서 긴 말뚝 세 개를 박고 그 위에 솥을 얹어 놓았다. 아침이 되자 사향고양이는 할아버지 집에 와서 입맛을 다시며 머리를 치켜들고 말했다.

"어머나. 우유를 높이 놓았어."

사향고양이가 앞발로 말뚝을 치자 솥이 엎어져 등에 쏟아졌다. 사향고양이의 회색 등은 온통 우유 얼룩으로 덮였다. 아무리 땅에 비비고 아무리 바위에 대고 문질러도 하얀 우유 얼룩은 지워지지 않았다.

사향고양이는 이 얼룩이 창피해서 지금은 회색 바위나 인적이 없는 울창한 숲에 숨어 산다. 놀란 사향고양이를 끌어내려면 사냥꾼은 옛날이야기를 하고 노래를 불러야 한다. 그러면 예민한 사향고양이가 참지 못하고 나와서 귀를 쫑긋 세우고 듣는다. 그럴 때 바로 사냥을 하면 된다.

짐승 마아니의 아이들

오랜 옛날 알타이에 경이로운 짐승 마아니가 살고 있었다. 그 괴물은 삼나무처럼 거대했고 이미 조금씩 늙어 가고 있었다. 마아니는 어디를 둘러봐도 자신과 같은 짐승을 발견하지 못했다. 마아니는 생각했다.

'나는 곧 죽을 거야. 그러면 알타이에서 아무도 나를 기억하지 못할 거야. 모두 이 땅에 거대한 마아니가 살았다는 것을 잊을 거야. 지금이라도 아이를 낳아야겠다. 더 늦기 전에 아이를 낳을 거야.'

마아니는 고양이를 낳고는 놀랐다.

"정말 이 아이가 내 핏줄이란 말인가?"

둘째로는 너구리를 낳았다. 정말이지 마음에 들지 않았다. 셋째로 오소리를 낳았다. 그 아이는 고양이와 너구리를 닮았지만 마아니를 닮지 않았다. 넷째 아들 살쾡이는 다른 아이들보다 더 크고 강하고 신중하게 자랐다. 엄마 몸 위에 민감한 귀를 댈 정도였다. 마아니는 다섯째 아들 표범을 낳았고 이름을 이르비스라고 지었다. 이르비스는 민첩했고 힘이 셌다. 그의 눈은 엄마처럼 빛났고 털은 벨벳같이 매끄러웠으며 움직임도 가벼웠다. 그는 다른 형제보다는 컸으나 마아니처럼 크지는 않았다.

여섯째 아들은 호랑이였다. 태양처럼 온몸이 노랗고 등에는 검은 줄무늬가 있었다. 호랑이는 마아니처럼 헤엄을 잘 쳤고 고양이보다 나무를 더 잘 기어올랐고, 표범과 살쾡이보다 더 빨리 달렸다. 엄마는 호랑이 아들을 오랫동안 바라보며 생각했다.

'아마 다음 아들이 나를 닮을까?'

마아니는 사자를 낳았다. 그러나 이 일곱째 아들은 엄마를 닮지 않았다. 마아니 자신도 누구를 닮아 그의 눈이 그렇게 빛나는지 알 수 없었다. 사자가 성장하면 할수록 사자 목의 갈기는 점점 더 탐스러워졌다.

마아니는 생각했다.

'어휴, 나를 닮지는 않았지만 어쨌든 내 아이들이야! 내가 죽으면 나를 위해 울어 줄 거고, 살아 있는 동안 나를 아껴 줄 거야.'

마아니는 다정하게 고양이를 쓰다듬으며 말했다.

"아들아, 배가 고프구나."

고양이는 몸을 작게 웅크렸다가 한 번에 펴더니 냅다 달아났다. 사흘 동안 그는 돌아오지 않았다. 나흘째 되는 날 회색 새를 입에 물고 왔다. 마아니는 그 새를 보고 조용히 웃었다.

"그 새는 한 번에 꿀꺽 삼키기에도 모자란다. 너나 먹어라."

고양이는 부들부들 떨고 있는 새를 잡았으나 발로 차 버렸다. 그리고 다시 가서 새를 잡았다. 발로 찼다가 다시 가서 잡았다. 그렇게 고양이는 사흘을 새와 씨름하다가 새에게 깃털이 하나도 남게 되지 않자 새를 먹었다.

엄마가 말했다.

"아들아, 잘 들어라. 네 성격으로는 야생의 숲에서 살 수 없어. 굶어 죽을 거야. 차라리 사람들에게 가서 사는 게 나을 거다. 너의 장난을 보면 사람들이 너를 굶기지 않을 거야."

고양이는 꼬리를 치켜들고 영원히 숲을 떠났다. 고양이가 떠나자 마아니는 너구리에게 먹을 것을 구해 오라고 시켰다. 너구리는 멀리 가지도 않았다. 근처의 바위 밑에서 뱀을 잡아서 엄마에게 가져왔다. 마아니는 격분했다.

"너는 내 핏줄이 아니야! 썩 꺼져. 엄마에게 뱀을 가져온 죄로 너는 평생 지렁이와 뱀을 먹고 살아!"

너구리는 코로 땅을 헤집으며 가볍고 빠른 걸음으로 검은 숲속으로 달아났다.

마아니는 오소리에게 말했다.

"배가 고프구나!"

다리가 휜 오소리는 이레 동안 숲을 돌아다니다가 여드레째 되는 날 늑대가 먹다가 버린 음식을 가져왔다.

"오소리야, 기다리다가 굶어 죽겠다. 네가 가져온 음식을 먹었다가는 닷새 동안 토하겠다. 떠나거라. 이레 동안 네가 가져올 음식을 내가 기다렸듯이, 네 후손도 먹이를 찾기 위해 이레를 헤매야 할 거다. 쉴 새 없이 산을 이리저리 헤매고 일주일씩 나무에 매달렸다가 배가 고파 아무거나 닥치는 대로 먹게 될 거고, 평생 동안 단 한 번도 배불리 먹지 못할 거야."

오소리는 굽은 다리로 삼나무 줄기를 휘감았고 마아니는 더 이상 오소리를 보지 못했다. 네 번째로 살쾡이가 먹이를 찾으러 갔다. 얼마 후 갓 잡은 사슴을 가져왔다. 마아니는 기뻐했다.

"너는 훌륭한 아들이야. 네게 가볍게 다가가서 발톱을 숨기는 법을 가르쳐 주마. 먹잇감에 다가갈 때 네 발밑에서 나뭇가지가 부스럭거리게 하면 안 된다. 너는 사람이 다니지 않는 울창한 숲에서 평온하게 살 수 있을 거야."

젊은 살쾡이는 엄마가 가르쳐 준 대로 발톱을 숨기고 아무 소리도 내지 않고 살금살금 늙은 엄마 곁에서 떠났다.

다섯째 아들 이르비스는 한걸음에 바위로 뛰어가서 한 번에 산양을 앞발로 때려 죽였다. 용맹한 산양 테케 분은 숨도 쉬지 않고 뻗었다. 표범은 테케 분을 등에 업고 집으로 오다가 민첩한 토끼를 잡았다. 표범은 먹이 두 개를 가지고 엄마에게 왔다.

"이르비스야, 너는 오르기 힘든 높은 바위에서 살아라. 산양들이 다니는 그곳에서 살아라. 산양들이 네 달콤한 먹이가 되리라."

이르비스는 산을 향해 우렁차게 외친 후 야생의 숲으로 떠나갔다.

여섯째 아들 호랑이는 아무도 눈치채지 못하게 재빨리 사냥하러 갔다. 마아니도 그가 나간 것을 몰랐다. 호랑이는 엄마가 부탁하지도 않은 선물을 가져왔다. 그는 사냥꾼을 물어 죽여 가져온 것이다.

마아니는 너무 놀랐다.

"아이고, 아들아, 너는 어쩜 그렇게 생각이 짧고 냉혹하니! 축축한 늪지에 있는 울창한 갈대밭으로 가서 영원히 살아. 사람도 가축도 없고 돼지만 어슬렁거리는 그곳에 가서 살아. 만일 거기에서 네가 먼저 사람을 발견하면 그건 네 행운이다. 눈을 깜박이지도 말고 그를 바라봐라. 만일 사람이 너를 먼저 발견하면 그건 그의 행운이다."

누구에게도 질 것 같지 않은 위협적인 어깨를 지닌 호랑이 아들이 영원히 갈대숲으로 떠나 버렸다.

마아니는 일곱째 아들에게 말했다.

"이제 네 차례구나."

그런데 사자는 엄마의 말에 눈도 뜨지 않고, 털이 북실북실한 머리를 발에 처박은 채 하루 종일 잠만 잤다. 한밤중에 사자는 무서운 굉음을 지르며 계곡으로 뛰어갔다. 사자는 말을 타고 가던 사람과 말을 죽여 그 시체를 끌고 엄마에게 왔다. 마아니는 그것을 보고 정신을 잃을 뻔했다.

마아니는 머리를 쥐어뜯으며 괴로워했다.

"아! 내가 왜 이 아이를 낳았을까? 너는 호랑이보다 더 잔인해. 탐욕스럽고 힘도 세! 이 알타이에 절대 영원히 살지 못할 줄 알아! 겨울이 없고 항상 여름만 있는 곳에 가서 살아라. 항상 내리쬐는 따뜻한 태양이 피를 밝히고 길들여지지 않는 너를 좀 순하게 만들 수 있을지도 모르겠다."

알타이에 예전에 살았던 경이로운 짐승 마아니는 그렇게 일곱 아이들 때문에 지쳤다. 마아니는 아주 나이가 많이 들을 때까지도 혼자 살았고, 죽을 때 어떤 아이도 부르고 싶어하지 않았다고 전한다.

오래된 옛날이야기

두 형제가 살았다. 형의 이름은 텔레제크였고 동생의 이름은 코베게시였다. 그들은 사냥을 하러 숲으로 갔다. 때는 겨울이었고 코베게시가 미끄러져서 발이 부러졌다. 텔레제크는 동생을 업고 집에 가려고 했으나 눈보라가 너무 심해서 갈 수가 없었다. 그는 넘어졌다. 텔레제크는 바람을 피할 수 있는 곳을 찾아 동생을 거기에 앉혔다. 눈을 파서 사냥해서 얻은 고기를 묻고 모닥불을 피우고 숲에서 땔감을 많이 해 왔다.

"눈이 녹으면 데리러 올게."

텔레제크는 그렇게 말하고 마을로 떠났다. 코베게시는 겨울 숲에 혼자 남아 살게 되었다.

어느 날 저녁 코베게시가 문 앞에 앉아서 노을을 바라보고 있었다. 그런데 갑자기 숲에서 한 여자가 나오고 있었다. 그녀의 얼굴은 눈보다 더 하얬고, 두 뺨은 노을보다 더 붉고 머리카락은 길고 밤처럼 완전히 까맸다. 여자가 집으로 들어가서 빵을 자르고 장작을 모닥불에 넣고 코베게시의 다친 발을 문질러 주었다. 그러자 다친 발이 감쪽같이 나았다. 그 날 저녁부터 여자는 떠나지 않았다. 그들은 부부로 살게 되었다. 코베게시는 사냥을 나가고 여자는 음식을 만들고 짐승 가죽으로 따뜻한 옷을 지었다.

1년이 지났으나 텔레제크는 오지 않았다. 여자는 코베게시의 아들을 낳았다. 코베게시는 너무 기뻤고 마을로 돌아가고 싶어졌다.

"가서 마을로 가는 길을 찾아봐야겠어."

그는 아내에게 그렇게 말하고 나갔다. 그가 문을 나서자마자 눈보라가 이는 듯이 바람이 거세게 불었다. 코베게시는 생각했다.

'길을 잃기 전에 집으로 돌아가야겠다.'

그는 아들을 깨우지 않으려고 조용히 문을 열고 들어갔다. 그런데 염소 한 마리가 모닥불을 뛰어넘고 있는 게 아닌가. 염소는 코베게시를 보고는 숲으로 달아났다. 그제야 코베게시는 그의 아내가 사람이 아니라 알미스[11]라는 것을 알았다.

"코베게시! 코베게시!"

멀리서 외치는 소리가 들렸다. 형의 목소리였다. 코베게시는 아들을 염소 가죽으로 싸서 품에 넣고 문을 열었다. 문

---

11) 알타이 설화에 나오는 사악한 악령으로, 여자로 변신해서 사냥꾼을 홀린다.

앞에 눈을 뒤집어쓴 텔레제크가 서 있었다. 형의 신발은 다 떨어졌고 모자도 누더기가 되어 있었다.

"1년 내내 너를 찾아 이 산을 샅샅이 뒤졌어. 여기에서 어떻게 혼자 살았어?"

코베게시는 처음에는 형에게 사실을 말하는 것이 창피했으나 결국 사실을 털어놓고 아들을 보여 주었다. 텔레제크는 조카가 무척 마음에 들었다. 조카의 이름을 알마다크라고 지어 주었고 세 사람은 함께 살았다. 알마다크는 훌륭한 사냥꾼으로 성장했으나 단지 말은 탈 수가 없었다. 그가 말을 타기만 하면 그 말은 다음 날 아침 죽는 것이다.

형제는 결심했다.

"누가 밤에 알마다크의 말을 타는지 알아봐야겠다."

형과 동생은 풀을 되게 끓여 말에 발라 놓았다. 아침에 가 보니 토끼처럼 하얀 알미스 여러 마리가 말에 달라붙어 있었다.

형제가 소리쳤다.

"너희를 당장 죽일 거야!"

알미스가 울기 시작했다.

"텔레제크, 우리를 제발 살려 줘! 코베게시, 우리를 가게 해 줘! 알마다크, 우리는 종처럼 너에게 복종할게!"

세월이 아주 많이 흘렀다. 형제는 이미 오래전에 죽었고,

알마다크도 성장해서 나이를 먹고 역시 세상을 떠났다. 노인들만이 밤에 모닥불 옆에서 손주들에게 요괴의 아들 알마다크에 관해 이야기해 주곤 했다.

하루는 남자아이 다섯이 숲으로 갔다. 그들은 풀 위에서 공중제비를 하고 꽃대를 잘라 문질러서 피리처럼 불었다. 그들은 꽃을 꺾어 꽃잎에 있는 이슬을 마셨다. 갑자기 회색 전나무 뒤에서 작은 사람들이 나왔다.

"애들아, 같이 놀아도 돼?"

남자아이들은 솔방울을 따서 작은 사람들에게 던졌다. 그러자 작은 사람들은 솔방울을 주워 아이들에게 던졌다. 그들은 그렇게 놀면서 함께 돌로 된 동굴로 들어갔다.

한 남자가 제일 어린 남자아이에게 물었다.

"이름이 뭐니?"

"초포시예요."

"아하, 초포시!"

알미스는 기뻐하며 아이를 동굴 깊숙이 끌고 갔다.

알미스가 또 다른 아이에게 물었다.

"네 이름은 뭐니?"

"이틀라시예요."

"이틀라시, 너도 이리 오렴."

알미스는 이틀라시도 끌고 갔다.

"네 이름이 뭐니?"

알미스는 셋째 아이에게 이렇게 물으며 손톱이 길게 난 손을 이미 아이에게 뻗고 있었다. 그러나 셋째 아이는 오래전에 들은 옛날이야기가 생각나서 소리쳤다.

"내 이름은 텔레제크예요!"

알미스는 모두 하나같이 쓰러졌다.

"텔레제크, 원하는 것을 말하면 다 들어줄게!"

"두 아이를 풀어 주세요."

알미스는 즉시 아이들을 풀어 주었다.

알미스는 넷째 아이에게 물었다.

"네 이름이 뭐니?"

"코베게시예요."

알미스가 신음하기 시작했다.

"오, 코베게시, 무엇을 해 줄까?"

"버터 다섯 포대와 보리빵 다섯 자루, 치즈 다섯 덩어리를 주세요."

알미스는 다섯째 아이를 둘러쌌다.

"네 이름은 뭐니?"

"알마다크예요."

알미스는 완전히 새파래졌다.

"주인님, 분부만 내리십시오."

아이들은 동굴에서 나왔고 마지막 아이가 높고 날카롭게 외쳤다.

"저기 저 큰 돌을 들어다 동굴의 입구를 막고 이 푸른 구릉을 들어 출구 아무 데나 놓아라."

알미스는 울면서 큰 돌과 구릉을 들어 입구와 출구를 막았다. 그들은 그렇게 동굴 안에 영원히 갇히게 되었다. 그래서 이 땅에 더 이상은 알미스가 나타나지 않게 되었다.

아이들은 노래를 크게 부르며 마을로 돌아와서 동네 사람들에게 버터와 보리빵, 치즈를 대접했다. 아이들은 제때 옛날이야기를 생각해 내서 목숨을 건진 것이다.

그러니 이 옛날이야기들을 영원히 잊지 말고 기억해라! 옛날이야기들은 우리 조상들이 보존한 것이다. 우리는 단 한 마디도 버리지 않았다. 만일 용사들의 공적에 무언가 덧붙었다면 그것은 우리 할아버지들이 덧붙인 것이다. 만일 그 이야기에서 단 한 마디라도 빠졌다면 네 아버지의 잘못이다. 아이들이 조르고 부탁해서 우리는 전해 내려오는 옛날이야기를 너희에게 해 주었다.

텔렌기트 설화

비야강과 카툰강

비야(남자 강)는 자신의 편지를 지닌 신하를 카툰(여자 강)에게 보냈다. 비야는 카툰을 초대하며 자신과 함께 큰 강을 이루자는 제안을 했다. 거만하고 성격이 불같은 카툰은 독립성을 잃고 싶지 않아서 비야의 제안을 단칼에 거절했다. 단호한 거절에 화가 난 비야는 자신의 신하를 쫓아내고 저주했다. 저주를 받은 그 신하는 새가 되었다. 그 새는 아직도 알타이의 산에 살고 있다. 그 새의 한쪽 얼굴이 빨간데, 전설에 따르면 화가 난 비야가 때린 피가 흘러서 빨개진 것이다.

카투 야리크

옛날 출리시만 계곡에 한 남자가 살았다. 남자에게는 집에서 키우는 염소 세 마리가 있었다. 남자는 계곡을 떠나야 하는 상황이 되었다. 남자는 계곡을 떠나면서 다시 야생으로 돌아갈 염소를 위해 주문을 걸었다. 그리고 가파른 바위에 오른 후 타이가로 사라졌다. 남자가 말했다.

"누구든 내 염소를 죽이는 자에게는 불행이 닥칠 것이다!"

어느 날 한 사냥꾼이 염소들을 발견했다. 이틀 동안 염소들을 쫓아다닌 끝에 마침내 한 염소를 죽였다. 사냥꾼이 사냥한 염소를 가지고 집으로 오자 마을 노인들은 염소를 죽인 것을 마땅치 않아 했다.

"차라리 염소를 발견하지 않아 죽이지 않았더라면 좋았을걸. 이제 염소를 죽였으니 재앙이 닥치겠구나!"

그때 사냥꾼의 아내는 임신 중이었다. 사냥꾼은 노인들의 말을 귀담아듣지 않고 남은 두 마리 염소를 사냥하러 다시 출발했다. 사냥꾼은 염소들을 쫓아 계곡으로 갔다. 사냥꾼이 저녁에 모닥불 옆에 앉아서 쉬고 있는데 바로 옆에서 쉰 목소리가 들렸다.

"네가 우리를 죽였으니 재앙이 닥칠 거다."

사냥꾼의 집에서는 아내가 아기를 낳았다. 아기 낳는 것을 도운 두 노파는 아기 몸에 꼬리와 털이 달린 것을 보고 아기 엄마에게 사실대로 말했고 엄마는 아기를 땅에 묻기로 결정했다. 다음 날 사냥꾼이 집에 돌아왔다. 아내는 아기에게 닥친 불행에 대해 남편에게 사실대로 말했다. 사냥꾼은 한걸음에 아기가 묻힌 곳으로 뛰어갔다. 무덤까지 50사젠 정도 남았을 때였다. 갑자기 무덤에서 새끼 염소 한 마리가 나오더니 계곡으로 달아났다. 그때부터 출리시만의 이 계곡을 카투 야리크(무서운 장소)로 부르게 되었다. 노인들은 그 아기가 바로 염소의 혼이라고 말했다. 시간이 되면 혼은 밖으로 나온다고 말한다.

암염소 알미스

아주 오랜 옛날 한 사냥꾼이 결혼해서 아내를 집으로 데려와 함께 살았다. 사냥꾼은 항상 사냥하러 가곤 했다. 그러나 짐승을 전혀 사냥할 수가 없었다. 그래도 집에 오면 식탁에는 항상 고기와 빵과 우유가 있었다. 사냥에서 돌아오면 항상 음식이 있었던 것이다. 젊은 사냥꾼은 이상한 생각이 들었다. 사냥꾼은 아내를 감시하기로 했다.

하루는 사냥꾼이 아내에게 저녁 늦게 사냥에서 돌아오겠다고 말하고 평소처럼 짐을 꾸려 나갔다. 사냥꾼은 나무 뒤에 숨어 아내를 감시하기 시작했다. 얼마 후 아내가 집에서 나와 물을 길러 우물로 갔다. 그때 남편이 집 안으로 들어가 식탁 밑에 숨었다. 아내는 집으로 물을 가지고 와서 솥에 붓고 불에 얹었다. 그러고 나서 칼을 가져왔다. 아내는 칼로 발뒤꿈치와 발톱을 잘라 솥에 던졌다. 그러자 그것은 고기로 변했다. 그런 다음 아내는 정수리에서 머리카락을 뽑아 식탁에 놓았다. 머리카락은 빵으로 변했다. 그리고 가슴에서 젖을 짜 그릇에 가득 부었다. 그 모든 것은 진짜 음식으로 보였다. 그제야 남편은 아내의 몸에 있는 것들이 음식으로 변한 것을 알게 되었다. 남편은 그 엄청나게 놀라운 일을 장인과 장모에게 말했다. 이야기를 듣고 놀란 노인들은 비통하게 사냥꾼에게 말했다.

"알미스가 틀림없어!"

모든 비밀이 밝혀진 후 아내는 염소로 변해 절벽의 동굴로 달아나 모습을 감췄다. 텔렌기트인은 알미스는 여자의 모습으로 나타나서 일정 기간 동안 사람들과 함께 산다고 말한다.

알미스에게서 태어난 아기

알미스에게서 태어난 아기는 알마트인데 역시 반인반수의 괴물이다. 알마트에는 카라[12)]와 사리[13)]라는 두 가지 성이 있다.

어느 날 한 남자가 사냥하러 숲으로 갔다. 숲 한가운데 집이 한 채 있었다. 남자가 집으로 들어갔다. 아주 훌륭한 음식이 차려져 있었다. 삶은 내장이 있었다. 남자는 놀라서 주위를 가만히 살펴보기 시작했다. 아주 아름다운 여자가 집으로 들어갔다. 그도 집으로 들어갔다. 아주 아름다운 여인이었다. 아주 맛있는 음식을 만들어 놓고 앉아 있었다. 집 안은 무척 따뜻했다. 그의 눈에 여자는 아주 예뻤다. 여자는 그를 놓아주지 않았다.

"여기서 함께 살아요. 여기가 제 집이에요."

남자가 물었다.

"예전엔 어디서 살았어?"

"저는 알타이에서 왔어요. 지금은 여기에서 살아요. 저는

---

12) 알타이어로 검은색을 뜻함.

13) 알타이어로 노란색을 뜻함.

고아예요. 그래서 이렇게 혼자 살고 있어요."

여자가 그렇게 대답했다. 남자는 여자의 말을 듣고 그녀가 불쌍해졌다. 남자는 돌아가지 않고 거기서 여자와 함께 살기로 했다.

그 후 남자가 사냥에서 돌아올 때마다 여자는 말의 내장으로 요리를 만들어 놓았다. 말의 내장을 삶았다. 남자는 그때마다 놀라서 생각했다.

'도대체 어디서 말 내장을 가져오는 거지?'

남자가 여자에게 물었다.

"어디서 난 거야?"

여자는 대답했다.

"신경 쓰지 마세요. 제가 직접 구해 오는 거예요."

남자는 결국 의심을 하게 되었다. 남자는 여자를 감시하기로 결심했다. 남자는 그녀가 알미스라고는 꿈에도 생각하지 못했다. 남자는 사냥을 간다고 말하고 가지 않고 숨어 있었다. 밤이 되자 남자는 아주 조심스럽게 여자가 눈치채지 못하게 집으로 들어갔다. 가만히 여자가 하는 것을 지켜보았다. 여자는 자신의 배를 자른 후 내장을 꺼냈다. 말의 내장은 그녀의 내장이었던 것이다. 그때 남자가 말했다.

"당신의 정체를 알았으니 나는 집으로 돌아가겠어. 당신과 살 수 없어."

두 사람은 아주 오래 살았기 때문에 두 사람 사이에는 아기가 있었다.

남자가 여자에게 말했다.

“당신은 여기 남아. 나는 부모님이 계시는 집으로 갈게.”

“아기를 데려가세요. 저는 내 부모님에게 갈 테니, 당신은 당신 부모님이 계시는 곳으로 가세요.”

어쩔 도리가 없었다. 아기를 버릴 수는 없었다. 남자는 아기를 데리고 자기가 살던 집으로 돌아왔다. 집으로 돌아와서 아기를 키웠다.

집으로 돌아온 남자는 길을 가다 아기를 주웠다고 사람들에게 거짓말했다.

“길을 가다가 아기를 발견했어요. 사람들이 짐을 싣고 가고 있었어요. 이 아기가 낙타에서 떨어졌어요. 짐에서 빠졌어요. 떨어진 아기를 제가 줍게 되었어요.”

남자는 그렇게 사람들을 속였고 사람들은 당연히 그 사실을 믿었다.

“어떤 사람이 낙타에 짐을 싣고 이사를 가는데 요람에서 아기가 떨어졌어요. 그 사람은 그것을 알아차리지 못하고 떠났어요. 그래서 내가 아기를 줍게 되었어요.”

아기는 자랐다. 그런데 어떤 성을 아기에게 주어야 할지, 아기를 뭐라고 불러야 할지 몰랐다. 남자는 아이에게 알미스에게서 태어났다고 말했다.

"너는 카라 알미스에게서 태어났지만 사리 알마트라고 하자."

남자는 그렇게 아이의 이름을 사리 알마트라고 불렀다.

아부움 포오옴

검은 말을 타고 다니는 칸이 있었다. 칸이 딸을 시집보내려고 했다. 아내가 칸에게 물었다.

"무슨 옷을 입혀 시집을 보내죠?"

칸이 말했다.

"무슨 옷을 입히다니? 아홉 겹의 비단옷을 입혀 보내요."

엄마는 딸에게 아홉 겹의 비단옷을 입혔다. 신랑이 와서 딸을 데리고 갔다. 가는 길이 너무 추웠다. 너무 추워 신부가 말했다.

"아부움."

신부는 그렇게 말한 후 말에서 떨어져 죽었다. 신랑은 땅을 파고 신부를 묻고 돌을 주워 그 위에 세웠다. 그 후 사람들은 신부가 묻힌 장소를 '아부움 포오옴'이라고 부른다.

낙타 이름으로 불리는 골짜기

예전에 전쟁이 나자 알타이인들은 살기가 너무 힘들었다. 배고픈 시기였다. 전쟁 때 여러 나라에서 많은 사람이 타시투 케초라고 불리는 곳으로 이주했다. 많은 사람이 자기 나라에서 도망을 와 가축을 데리고 알타이에 정착해 살려고 했다. 그러나 알타이의 산은 너무 높고 험준했다. 알타이인들 역시 굶주림에 고통을 겪고 있었다. 그래도 알타이인들은 이주해 온 유목민들을 잘 대해 주었다. 그러나 오는 길에 가축들은 거의 죽었다. 짐을 잔뜩 실은 낙타들은 산을 넘지 못하고 쓰러졌다. 딱 한 마리 낙타가 알타이의 여러 지역 중 한 곳에 무사히 오게 됐다. 그 낙타의 이름이 아탄이었다. 알타이인은 거세한 낙타를 그렇게 부른다. 그 낙타의 눈이 황갈색을 띠었기 때문에 그 낙타를 사리 아탄으로 부르게 되었다. 낙타가 도착한 곳을 사라탄으로 부르게 되었다. 그렇게 알타이의 지역 이름 중에 낙타의 이름을 딴 곳이 생긴 것이다.

사냥꾼과 알미스

사냥꾼이 있었다. 어느 날 사냥꾼이 외딴집에 혼자 앉아 심심해하고 있는데 누군가 들어왔다. 젊은 여자였다. 사냥꾼에게는 아내가 있었으나 들어오는 여자가 무척 아름다웠다. 두 사람은 인사를 나누었다. 사냥꾼은 아내도 자식도 잊은 채 외딴집에서 여자와 함께 살았다.

여자는 자신의 허리를 만지지 못하게 했다. 사냥꾼이 여자의 허리에 손을 얹으면 뿌리쳤다. 남자는 의심을 하기 시작했다. 남자는 샤먼에게 여자에 대해 물으러 갔다. 샤먼이 굿을 한 후 말했다.

"알미스야."

샤먼은 알미스에게는 허리에 털이 있기 때문에 허리에 손을 대지 못하게 하는 거라고 말했다. 그러자 사냥꾼이 물었다.

"어떻게 하면 알미스에게서 도망갈 수 있죠?"

"그녀를 화살로 죽여야만 해."

집으로 돌아온 사냥꾼은 사냥하러 간다고 여자에게 말한 후 바닥에 구멍을 만들어 놓았다. 사냥꾼은 사냥하러 간다고 하고 다시 몰래 집으로 돌아와서 여자를 감시했다. 여자는 자루를 바닥에 쏟았다. 신발창과 뒤축, 오래된 가죽 신발 등이 든 자루였다. 여자가 그것들을 다 쏟았다. 여자가 몸을 흔들었다. 그러자 여자 대신 붉은 새끼 짐승이 그 자리에 있었다. 알미스는 그것들을 먹기 시작했다. 다 먹고 나서 알미스는 다시 몸을 흔들었다. 그러자 다시 사람이 되었다. 거의 저녁 무렵이었다. 사냥꾼은 계속 여자를 지켜보았다. 여자는 자신의 가슴을 찢고 갈비뼈와 몸의 나머지 부분들을 솥에 넣었다. 그리고 다시 완전한 몸으로 돌아갔고 솥을 끓였다.

"피융!"

사냥꾼은 그 모든 것을 보고 활을 쏘았다. 샤먼이 말한 대로 그렇게 활을 쏘았다. 나중에 사냥꾼은 알미스가 아주 냄새나는 물체였다고 말했다.

곰

예전에 곰은 카랍티라는 이름의 칸이었다. 카랍티 칸은 한 고아에게 에를리크 칸의 여우 모자를 뺏어 오라고 명령했다. 고아가 카랍티 칸에게 물었다.

"어떻게 모자를 뺏어 오지요?"

"전쟁을 하러 온 것처럼 해라. 그가 네게 다가가면 그때 모자를 잡아채."

고아는 에를리크 칸의 여우 모자를 뺏어 오려고 출발했다. 고아는 에를리크 칸의 집에 도착해서 소리를 지르기 시작했다. 그의 고함 소리는 마치 백 명의 고함 소리 같았고 그가 탄 말의 발굽 소리는 마치 백 마리 말의 발굽소리 같았다. 에를리크 칸이 놀라서 밖으로 나왔다. 그러자 고아가 그의 모자를 잡아채 달리기 시작했다. 에를리크 칸이 뒤쫓으며 소리를 질렀다.

"왜 내 모자를 가져가니?"

고아는 카랍티 칸의 명을 받은 것이라고 대답했다. 그러자 에를리크가 말했다.

"카랍티 칸은 곰이 될 것이고 그의 아내는 돼지가 될 것이며 그의 아들은 별이 될 것이다."

해 설

남알타이인에 대해

알타이인은 알타이공화국 남쪽에 거주하는 알타이 키지인만을 일컫기도 하고, 알타이 키지인뿐 아니라 텔렌기트인, 투발라르인, 쿠만딘인, 첼칸인을 통칭하기도 한다. 거주 공간에 따라 알타이 키지인과 텔렌기트인은 남알타이인으로, 투발라르인, 쿠만딘인, 첼칸인은 북알타이인으로 분류된다. 이 민족들은 1990년대 초까지는 튀르크계의 알타이어를 사용하는 하나의 민족인 알타이인으로 알려졌으나, 2000년대에 텔렌기트인, 첼칸인, 쿠만딘인, 투발라르인은 고유 언어와 문화를 지닌 독립된 민족으로 인정되어, 러시아 정부에서 지정한 '시베리아 소수원주민 목록'에 포함되어 전통 문화 보존의 가치를 인정받고 있다. 2001년에 '알타이 공화국 제민족 총회'가 창설되었고 2010년 조사에 따르면 전체 알타이인의 수는 79800명으로 집계되었는데, 이 중 알타이 키지인은 67400명, 텔렌기트인은 3700명을 차지한다. 남알타이어는 알타이 표준어의 기반을 이루며 튀르크어계

킵차크 분파에 속한다.

알타이 키지인과 텔렌기트인은 울라간 지역과 코시 아가치 지역에서 주로 반유목 생활을 했으며, 말, 사슴, 야크 등의 가축 사육과 경작을 생업으로 삼았고, 펠트천으로 만든 이동 가옥과 나무껍질로 덮은 천막에 거주했다.

남알타이인의 전통신앙

알타이인의 전통신앙의 바탕은 탱그리즘(천신 숭배)이다. 알타이인은 천신 탱그리를 중심으로 세상을 창조한 선한 신 울겐, 저승세계를 관장하는 악한 신 에를리크의 지배 아래 착한 정령들과 악한 정령들이 존재한다고 믿었다. 알타이인은 물, 불, 산, 태양, 숲 등의 자연을 신성시했고 물의 주인신인 수흐 에지, 사냥꾼들의 수호신인 알타이 에지, 산의 정령인 다흐 에지를 숭배했다. 불에 말고기를 던지는 의식을 행해 불의 정령에게 예의를 표했고, 모닥불 위에서 쓰레기를 태우거나 불에 침을 뱉는 행위를 금기시했다.

알타이인은 특히 물의 정령을 중요시했고 산에 있는 샘물을 사람을 죽지 않게 하는 효험을 지닌 생명수라고 여겼다. 사람의 발길이 닿지 않는 깊은 산속에 있는 호수와 마을을 지켜 주는 산과 나무를 신성시해서 그 산의 이름을 입 밖에 내는 것을 금기시했다.

알타이인은 착한 정령뿐 아니라 인간에게 해를 가하는 알미스와 슐무스라는 사악한 정령의 존재를 믿었고, 알미스는 예쁜 여자로 둔갑해서 사냥꾼을 유혹하는 존재라고 생각해 특히 경계했다.

알타이인의 전통신앙에서 특히 샤먼은 중요한 역할을 했다. 샤먼은 저승세계를 드나들 수 있는 초자연적 존재로서, 병든 사람으로부터 악귀를 몰아내고 병을 낫게 할 수 있는 힘을 지녔다고 믿었다.

남알타이 설화 해설

알타이에는 수많은 전설과 신화, 민담이 전승되고 있다. 특히 용맹스런 인간의 영웅적인 행적과 정령과의 조우를 주제로 한 영웅서사시가 노래의 형식으로 전승되고 있는데, 이를 '카이'라고 한다. '카이'를 실연하는 사람인 '카이치'는 특별한 재능의 소유자로 알타이인의 존경을 받는다. 알타이인은 정령이 '카이'를 듣는 것을 좋아해서 사냥꾼이 '카이'를 부를 줄 알면 많은 수확물을 얻어 부자가 될 수 있다고 믿었다. 따라서 알타이 설화에는 사냥꾼 주인공이 '카이'를 부르고 노인의 형상을 한 정령이 사냥꾼의 노래를 경청하는 장면이 나오곤 한다.

이 책에서는 영웅담, 마법담, 동물담, 일상담 등의 민담과 자연물과 천체의 유래를 담은 총 34편의 알타이 키지 설화와 강, 산, 바위 등의 유래에 관한 8편의 텔렌기트 설화가 소개되고 있다.

영웅담 <알립 마나시>는 용사 알립 마나시가 사악한 칸을 죽이러 떠났다가 곤경에 빠지고 친구에게 배신을 당하지만, 애마의 도움으로 곤경에서 벗어나 사악한 칸을 물리치고 자신을 배신한 친구를 응징한다는 이야기다.

마법담 <유스큐제크와 알틴 차치>에서 주인공 유스큐제크는 칸을 피하기 위해 강아지로 변신했던 처녀 알틴 차치를 만나게 되고, 칸은 알틴 차치를 차지하기 위해 유스큐제크에게 독수리의 황금알을 가져오라는 어려운 과제를 준다. 결국 유스큐제크는 독수리의 도움으로 헤어진 부모님을 만나고 사악한 칸을 죽인다.

누이동생이 오빠가 사냥을 간 사이 불을 꺼뜨려 노파로 변신한 괴물에게 불씨를 구해 오다가 잡혀 먹힐 위험에 처하자, 오빠가 괴물로부터 누이동생을 구한다는 내용의 <오누이>, 노비 디투가 지하세계로 가서 황금 잔을 무사히 가져온다는 내용의 <황금 잔>, 늑대의 보살핌을 받아 칸의 딸과 결혼하는 아루 만다이의 모험을 그린 <황금 새 알틴 쿠츠카시>를 통해 우리는 마법적인 힘, 조력자의 도움으로 난관을 극복하고 과제를 해결해 부모님과 약혼녀, 누이동생을 구하는 용감한 주인공들과 만날 수 있다.

또한 평범하고 착한 주인공들이 자신의 기지와 재치로, 또는 동물이나 정령의 도움으로 사악한 지배 계층을 벌하고 행복을 찾는다는 내용의 <사리 칸>, <토르코 차차크>, <행복한 리스투>, <중매쟁이 여우>를 통해 우리는 인간 세상이 다양한 갈등과 반목이 분출되는 공간이지만 결국 평범하고 착한 인간이 승리하고 행복해게 살 수 있다는 희망의 메시지를 볼 수 있다.

<큰 사슴의 울분>, <욕심 많은 들쥐>, <질 켈>, <쥐와 낙타>, <인색한 개구리>, <멋진 옷을 입게 된 다람쥐>, <박쥐가 밤에만 나는 이유>, <암소와 별>, <무서운 손님>, <곰>의 동물담에서는 곰, 여우, 새, 들쥐, 개구리, 쥐, 다람쥐 등이 주인공으로 등장한다. 우리는 이러한 동물담을 통해 알타이인의 관찰력과 상상력, 자연관을 알 수 있다. 알타이인은 다람쥐 등에 난 줄, 사슴 눈에 난 자국, 개구리의 눈이 튀어나오고 개미의 허리가 잘록한 이유, 오소리 얼굴에 하얀 자국이 생긴 경위를 흥미롭게 이야기해

준다.

<곰 아저씨>, <중매쟁이 여우>, <회색 참새>에서는 동물이 조력자로 등장해 착하고 힘없는 인간을 도와주고 보은한다. 조력자 역할을 하는 동물 모티브는 세계 여러 민담에서 광범위하게 나타나는데, 민족의 생활 공간, 삶의 방식에 따라 등장하는 동물이 상이한 것을 알 수 있다. <곰 아저씨>는 곰이 자신의 새끼를 살려 준 고마움에 대한 보답으로 고아 치츠칸을 도와 사악한 칸을 물리치고 그 후 사람들이 곰을 아저씨라고 부르게 되었다는 이야기다. <중매쟁이 여우>는 붉은 여우가 기지를 발휘해 가난한 청년을 칸의 딸과 결혼시킨다는 이야기다. <회색 참새>는 개와 참새가 사악한 부자에게 쫓겨난 가엾은 할아버지를 도와준다는 이야기다.

<사르탁 파이>, <용사 바부르간이 산이 된 이야기>, <텔레츠코예 호수에 관한 전설>, <해와 달이 인간을 구한 이야기>, <일곱 형제> 이야기를 통해서는 알타이인의 정령 숭배와 자연관, 직관적 상상력을 엿볼 수 있다.

이 책에 소개되고 있는 텔렌기트 설화는 대부분 전설로, 강이 생겨난 유래에 관한 <비야 강과 카툰 강>, 특정 지명의 유래와 관련된 <카투 야리크>, <아부움 포오옴>, <낙타 이름으로 불리는 골짜기>는 우리를 텔렌기트인이

생활하고 누볐던 공간으로 이동시킨다. 또한 사냥꾼을 유혹하는 악령 알미스에 관한 이야기인 <암염소 알미스>, <알미스에게서 태어난 아기>, <사냥꾼과 알미스>를 통해서는 고대 텔렌기트인의 두려움과 공포의 대상을 만날 수 있다.

옮긴이에 대해

이경희는 한국외국어대학교 노어과를 졸업하고, 러시아 과학아카데미 비노그라도프대학원에서 의미통사론에 관한 논문으로 박사 학위를 받았다. 현재 한국외국어대학교에서 강의하고 있으며, 논문으로는 <어휘-통사 층위에 나타나는 언어문화적 변이>, <담화연결어의 의미와 기능>, <언어적 세계상에서의 놀이와 도박> 등이 있으며, 저 · 역서로는 ≪도박하는 인간≫(공저), ≪러시아 추리작가 10인 단편선≫(공역), ≪셀쿠프인 이야기≫, ≪토팔라르인 이야기≫, ≪시베리아 타타르인 이야기≫, ≪네기달인 이야기≫, ≪예벤인 이야기≫, ≪울치인 이야기≫ 등이 있다.

남알타이인 이야기

지은이 미상
옮긴이 이경희
펴낸이 박영률

초판 1쇄 펴낸날 2019년 8월 25일

지식을만드는지식
02880 서울시 성북구 성북로 5-11 (성북동1가 35-38)
전화 (02) 7474 001, 팩스 (02) 736 5047
출판등록 2007년 8월 17일 제313-2007-000166호
전자우편 zmanz@commbooks.com
홈페이지 www.commbooks.com

ZMANZ
5-11, Seongbuk-ro, Seongbuk-gu, Seoul, 02880, KOREA
phone 82 2 7474 001, fax 82 2 736 5047
e-mail zmanz@commbooks.com
homepage www.commbooks.com

ISBN 979-11-288-5013-4
979-11-288-5014-1(큰글씨책)
979-11-288-5015-8(PDF 전자책)
책값은 뒤표지에 있습니다.